- Einführung
- Edzná
- Atitlán-See
- Puuc-Region
- Antigua
- Traditionelle Maya-Kultur
- Copán
- Chichén Itzá
- Tikal
- Ek Balam
- Triángulo Cultural
- Tulum
- Yaxchilán
- Anhang
- Bonampak
- Palenque

Reise Know-How im Internet

Aktuelle Reisetipps und Neuigkeiten
Ergänzungen nach Redaktionsschluss
Büchershop und Sonderangebote
Weiterführende Links zu über 100 Ländern

www.reise-know-how.de
info@reise-know-how.de

Wir freuen uns über Anregung und Kritik.

Dieter Richter
Maya-Kultur erleben

„... denn gerade die Bauwerke und ihre Vielzahl sind das Bedeutsamste, was man bis heute in den Indias entdeckt hat, weil sie so zahlreich sind, sich an so vielen Orten befinden und in ihrer besonderen Art so gut aus Quadersteinen errichtet wurden, dass es in Erstaunen versetzt ..."

Diego de Landa, spanischer Bischof im 16. Jh.

Impressum

Wir freuen uns über Kritik, Kommentare und Verbesserungsvorschläge.

Dieter Richter
Maya-Kultur erleben
erschienen im
REISE KNOW-HOW Verlag Peter Rump GmbH,
Osnabrücker Straße 79, 33649 Bielefeld

Alle Informationen in diesem Buch sind vom Autor mit größter Sorgfalt gesammelt und vom Lektorat des Verlages gewissenhaft bearbeitet und überprüft worden.

Herausgeber: Klaus Werner

© Peter Rump
1. Auflage 2003
Alle Rechte vorbehalten.

Gestaltung
Umschlag: G. Pawlak, P. Rump (Layout), K. Werner (Realisierung)
Inhalt: G. Pawlak (Layout), K. Werner (Realisierung)
Abbildungen: der Autor (dr), Helmut Hermann (hh)
Karten und Pläne: Carsten Blind (cb), der Verlag

Da inhaltliche und sachliche Fehler nicht ausgeschlossen werden können, erklärt der Verlag, dass alle Angaben im Sinne der Produkthaftung ohne Garantie erfolgen und dass Verlag wie Autor keinerlei Verantwortung und Haftung für inhaltliche und sachliche Fehler übernehmen.

Druck und Bindung
Fuldaer Verlagsagentur

ISBN 3-8317-1085-6
Printed in Germany

Dieses Buch ist erhältlich in jeder Buchhandlung der BRD, Schweiz und Niederlande sowie Österreichs und Belgiens. Bitte informieren Sie Ihren Buchhändler über folgende Bezugsadressen:

Die Nennung von Firmen und ihren Produkten und ihre Reihenfolge sind als Beispiel ohne Wertung gegenüber anderen anzusehen. Qualitäts- und Quantitätsangaben sind rein subjektive Einschätzungen des Autors und dienen keinesfalls der Bewertung von Firmen oder Produkten.

BRD
Prolit GmbH, Postfach 9, D-35461 Fernwald (Annerod)
sowie alle Barsortimente
Schweiz
AVA-buch 2000, Postfach 27, CH-8910 Affoltern
Österreich
Mohr Morawa Buchvertrieb GmbH
Sulzengasse 2, A-1230 Wien
Niederlande, Belgien
Willems Adventure
Postbus 403, NL-3140 AK Maassluis

Wer im Buchhandel trotzdem kein Glück hat, bekommt unsere Bücher direkt bei: **Rump Direktversand,** Heidekampstraße 18, D-49809 Lingen (Ems) oder über unseren **Büchershop im Internet: www.reise-know-how.de**

Dieter Richter

Maya-Kultur erleben

Inhalt

8 Vorwort

10 Einführung

12 Geschichtlicher Überblick
18 Die Nachfahren der Maya heute
19 Die Welt der Maya
24 Routenplanung
27 Highlights der Maya-Welt

32 Maya-Kultur gestern und heute

34 Traditionelle Kultur rund um den Atitlán-See
41 Antigua
44 Copán
53 Tikal
64 „Triángulo Cultural" – Yaxhá, Nakum, Naranjo
76 Yaxchilán
80 Bonampak
83 Palenque
92 Edzná
101 Die Puuc-Region
112 Traditionelle Maya-Kultur auf der Yucatán-Halbinsel
122 Chichén Itzá
131 Ek Balam
137 Tulum

142 Anhang

144 ABC der Maya-Architektur
147 Infos aus dem Internet
147 Literaturhinweise
156 Register
160 Der Autor

INHALT

Exkurse zwischendurch

17	Zeittafel der Maya-Geschichte
34	Tortillas backen
36	Traditionelle Webarbeiten
39	Popol Vuh – Das heilige Buch der Quiché-Maya
42	Jadeschmuck der alten Maya
47	Stelen
48	Das Ballspiel
51	Die Hieroglyphenschrift
58	Der Mayabogen
60	Paläste
61	Akropolen
74	Grabräuber in Naranjo – ein Bericht
86	Grabstätten
87	Jade
88	So wurden Tempel erbaut
90	Die Namen der archäologischen Stätten
95	Das Maya-Universum
96	Der Maya-Kalender
105	Der Regengott Chac
106	Götter der Maya
110	Hieroglyphen entschlüsseln
113	Territoriale Organisation
126	Quetzalcoatl
127	Opferungen
128	Sacbé
130	Der Handel
135	Bücher (Codices) der Maya
140	Kleidung und Schönheitssymbole

Vorwort

Lieber Mayafreund,

es gibt viel Fachliteratur über die Welt der Maya. Es sind hauptsächlich große, vielseitige und unhandliche Bücher, die alle Facetten der Kultur behandeln, in die Tiefe gehen und häufig schwer zu verstehen sind. Andererseits gibt es Bücher, die sich auf spezielle Unterthemen beziehen, die nur einen kleinen Teil der Kultur abhandeln. Reiseführer dagegen werden meist nicht von Personen geschrieben, die direkt mit der Maya-Forschung in Verbindung stehen, beinhalten leider oft Falschinformationen und sind manchmal nicht übersichtlich gestaltet.

Mit diesem Buch gebe ich Ihnen einen allgemein verständlichen und praktischen Einblick in die Maya-Kultur. Dabei schöpfe ich aus den aktuellen Ergebnissen der Maya-Forschung, ohne in akademische Tiefen abzugleiten. Das Buch beschäftigt sich mit zwei Schwerpunkten: Einerseits geht es auf die untergegangene, einst hoch stehende Kultur der alten Maya mit ihren monumentalen Ruinenstätten ein und andererseits auf Traditionen, die bis heute lebendig geblieben sind und die der Reisende zum großen Teil hautnah miterleben kann.

Das handliche Buch kann in jede Stätte mitgenommen werden. Es beinhaltet Beschreibungen und Erklärungen zu architektonischen Details, die der Besucher von archäologischen Stätten von alleine so nicht verstehen würde. Vor, während oder auch nach dem Besuch einer Stätte kann man sich anhand dieses Buches über die verschiedenen Konstruktionsformen und ihre Bedeutungen informieren. Die heute zu besichtigenden Maya-Stätten werden so beschrieben, dass der Besucher ein plastisches Bild von der Zeit erhält, in der sie entstanden und Teil einer gelebten Kultur waren.

VORWORT

In Form einer Reise zu den wichtigsten Maya-Stätten durchqueren wir die Maya-Welt von Süden nach Norden. Sowohl im Süden Guatemalas als auch auf der Yucatán-Halbinsel hat eine Vielzahl an Traditionen die Zeit überlebt. Wer in die heutige Maya-Kultur eintauchen und sie verstehen möchte, erhält dazu in diesem Buch viele praktische Tipps und Erklärungen.

Hinweise und konstruktive Kritik zum Buch sind grundsätzlich willkommen und sogar gewünscht. Gern werde ich Ihre Fragen beantworten, sofern sie nicht zu umfassend ausfallen. Sie können mich unter info@mayakultur.de oder info@playaspanish-school.com anschreiben und wer weiß, ... vielleicht trifft man sich irgendwann irgendwo in der „Welt der Maya".

Dieter Richter

Einführung

▶ Blick von
Tempel IV in Tikal

Einführung

Geschichtlicher Überblick

Von der ersten Besiedlung Amerikas bis 2000 v. Chr.

Nach der heute anerkanntesten Theorie kamen **die ersten Menschen** – kleine Gruppen von Nomaden – über die Bering-Straße von Sibirien nach Alaska. Erste gesicherte Nachweise für menschliches Leben auf dem amerikanischen Kontinent datieren auf 12.000 v. Chr. in Alaska. Auf 11.000 v. Chr. werden mehrere, so genannte **Clovis-Stätten** datiert, die an verschiedenen Standorten des Kontinents entdeckt wurden. Der Name rührt von der ersten Stätte dieser Art, die in der Nähe einer Stadt mit Namen Clovis gefunden wurde. Das Besondere an diesen Stätten sind die Funde bestimmter Speerspitzen, die zur Jagd eingesetzt wurden. Im Laufe der folgenden Jahrtausende besiedelte der Mensch den gesamten amerikanischen Kontinent.

Die ersten Anzeichen für menschliches **Leben im späteren Mayagebiet** datieren auf etwa 9000 v. Chr.; steinerne Werkzeuge, die zu unterschiedlichen Aktivitäten des täglichen Lebens genutzt wurden. Diese Menschen waren noch immer Nomaden. Sie lebten zeitweilig in Höhlen, unter Felsvorsprüngen oder unter freiem Himmel. Das Innere der Höhlen wurde manchmal bearbeitet. Zum Beispiel wurden Nischen hinein gehauen, die als Schlafstätten dienten und die Wände wurden bemalt.

Die **ersten Zeugnisse von landwirtschaftlichen Aktivitäten,** der Anbau von Mais, datieren auf etwa 2800 v. Chr. Indem die ersten Menschen begannen, Mais zu kultivieren, war die Möglichkeit gegeben, ständig an einem Ort wohnhaft zu bleiben. Weitere Pflanzen, die mit dem ersten Sesshaft-Werden in Verbindung stehen, sind Bohnen, Kürbis, Chili-Pfeffer und die Maniokwurzel.

Geschichtlicher Überblick

Langsam, aber sicher machten die Menschen den Schritt aus der Höhle heraus. Sie begannen so genannte **Chozas** zu konstruieren. Chozas sind Gebäude aus vergänglichen Materialien, die an ihren vier Eckpunkten jeweils einen Holzpfosten besaßen. Diese Holzpfosten wurden durch ein Geflecht von Ästen und Zweigen verbunden, das mit Lehm beworfen wurde, so dass nach dem Austrocknen feste Wände entstanden. Das Dach bestand aus Palmblättern.

Die eigentliche Maya-Forschung beschäftigt sich mit der Zeit ab ca. 2000 v. Chr. Auf diese Zeit werden die ersten Anzeichen für die **Anlage dörflicher Siedlungen** datiert, womit eine erste Aufspaltung der sozialen Struktur in Verbindung steht. Von diesem Zeitpunkt an wird die **Maya-Kultur in Perioden** eingeteilt.

Vorklassik (2000 v. Chr. – 250 n. Chr.)

Die Vorklassik wird auch „Formative Phase" genannt, ein Ausdruck, der die Geschehnisse dieser Zeit besser ausdrückt: Die Kultur formiert sich! Die Vorklassik wird wiederum in drei Perioden unterteilt: In die frühe, mittlere und späte Vorklassik.

In der **frühen Vorklassik** (2000 – 900 v. Chr.) werden zum ersten Mal bestimmte Personen zu Oberhäuptern von Dörfern. Dieses mag der Älteste, Stärkste oder Intelligenteste einer Dorfgemeinschaft gewesen sein. Es ist der Anfang einer Gesellschaft mit sozialen Unterschieden. In dieser Zeit dürften die ersten heiligen Gebäude errichtet worden sein. Wie wir uns vorstellen können, ist es nicht eines Tages einem Mayahäuptling in den Sinn gekommen, nun einen jener riesigen Tempel konstruieren zu lassen, die wir heute an vielen Orten bewundern können. Zunächst muss eine Kultur wachsen; in sozialer, politischer und religiöser Hinsicht.

Geschichtlicher Überblick

◣ *Die ersten heiligen Gebäude auf einer Plattform leiteten sich von einfachen Hütten ab*

So bestanden die ersten heiligen Gebäude wahrscheinlich aus normalen Hütten, gleich jenen, in denen das Volk lebte, jedoch auf eine Plattform gestellt und über drei, vier Stufen zu erreichen, dem Volk gegenüber erhöht.

Im Laufe der Jahrhunderte beginnt sich die Kultur in all ihren Facetten zu differenzieren. Schon in der **mittleren Vorklassik** (900 – 300 v. Chr.) spaltet sich die soziale Struktur immer weiter auf. Auf Grund von unterschiedlich ausgestatteten Gräbern weiß man heute, dass es bereits beträchtliche soziale Unterschiede zwischen den Bewohnern von Dorfgemeinschaften gab. Wahrscheinlich wurde die Familie eines Oberhauptes langsam, aber sicher zur Adelskaste und bekam besondere Privilegien zugesprochen. Zum Ende der mittleren Vorklassik wurden erste Monumentalbauten errichtet.

In der **späten Vorklassik** (300 v. Chr. – 250 n. Chr.) existierten schon Stadtstaaten, die von einer zentralen, monarchischen Gewalt regiert wurden. Es wurden bereits große Tempel- und Palastanlagen konstruiert. Im gesamten Mayagebiet wurde Handel getrieben und die ersten komplexen Hieroglyphentexte wurden angefertigt. Die Mayagesell-

Geschichtlicher Überblick

schaft begann ihre klassischen Merkmale anzunehmen. Zum Übergang zur Klassik – zwischen 150 und 250 n. Chr. scheint es schon einmal zu großen kulturellen Problemen gekommen zu sein. Viele Städte wurden aus bislang nicht geklärten Gründen verlassen und andere, die diese Zeit überlebten, gewannen an Macht und Einfluss.

Klassik (250 – 900 n. Chr.)

Der Übergang von der Vorklassik zur Klassik hat sich nicht in allen geografischen Gebieten der Maya-Welt gleichzeitig und in einem Sprung ereignet, doch haben sich die Forscher darauf geeinigt, dass sich um das Jahr 250 n. Chr. die typischen Merkmale der Gesellschaft – des sozialen und politischen Gefüges und der Religionsvorstellungen – so weit herausgebildet hatten, dass nun von der klassischen Kultur der Maya gesprochen werden kann.

▼ *Der Höhepunkt der klassischen Maya-Kultur – monumentale Tempelpyramiden*

Geschichtlicher Überblick

Die Klassik wird in die frühe, die späte und die Endklassik eingeteilt. In der **frühen Klassik** (250 – 600 n. Chr.) nahm die Bevölkerung auf Grund guter Umweltbedingungen, der einfachen Versorgung mit Wasser durch die großen Flüsse und Seen und genügend fruchtbaren Landes für den Ackerbau ständig zu. Die zeremoniellen Zentren wurden stetig vergrößert, der Handel prosperierte.

In der **späten Klassik** (600 – 800 n. Chr.) findet die Maya-Kultur zu ihrem absoluten Höhepunkt. Große Stadtstaaten kontrollieren riesige Gebiete. In den zeremoniellen Zentren kommt es zu den intensivsten Bauaktivitäten der Geschichte dieses Volkes. Überall werden monumentale Gebäude von immensen Ausmaßen konstruiert.

In der **Endklassik** (800 – 900 n. Chr.) ändert sich zum Ende des 8. Jahrhunderts das Bild. Die ersten Städte werden verlassen. Das gesamte 9. Jahrhundert scheint von Krisen, Kriegen und innenpolitischen Problemen innerhalb der Stadtstaaten bestimmt gewesen zu sein. Eine Stadt nach der anderen wird aufgegeben. Im Laufe nur eines Jahrhunderts bricht die gesamte klassische Kultur der Maya aus heute immer noch nicht geklärten Gründen zusammen.

Die **Postklassik** (900 – Ankunft der Spanier) ist durch veränderte gesellschaftliche Formen gekennzeichnet. Stadtstaaten der Puuc-Region im Westen der Yucatán-Halbinsel scheinen den kollektiven Kollaps der Kultur durch eine Annäherung der Herrscherschicht an das Volk überlebt zu haben. Durch den Einfluss der Tolteken aus dem Westen Mexikos wird die traditionelle Maya-Architektur verändert und die Werte der Gesellschaft werden neu bestimmt.

1492 **entdecken die Spanier Amerika** und beginnen das Land zu erobern und die indianischen Stämme zu unterwerfen.

GESCHICHTLICHER ÜBERBLICK

Zeittafel der Maya-Geschichte

12.000 v. Chr.	*Erste archäologisch gesicherte Anzeichen von menschlichem Leben auf dem amerikanischen Kontinent (Alaska).*
10.000 v. Chr.	*Erste Menschen im späteren Mayagebiet.*
9000 v. Chr.	*Erste Werkzeuge aus Stein.*
5000 v. Chr.	*Beginn der Maiskultivierung.*

Die Vorklassik (2000 v. Chr. – 250 n. Chr.)
2000 – 900 v. Chr. Die frühe Vorklassik:

2000 v. Chr.	*Es entstehen erste dörfliche Siedlungen.*
900 – 300 v. Chr.	**Die mittlere Vorklassik:** *Die soziale Struktur der Gesellschaft beginnt sich aufzuspalten. Es werden die ersten zeremoniellen Zentren konstruiert.*
300 v. Chr. – 250 n. Chr.	**Die späte Vorklassik:** *Es existieren Städte in der gesamten Mayaregion. Zum Ende der Vorklassik werden viele der Städte aus nicht geklärten Gründen verlassen.*

Die Klassik (250 – 900 n. Chr.)

250 – 600 n. Chr.	**Die frühe Klassik:** *Die Maya-Welt blüht. Das für die Maya-Kultur typische religiöse, politische und gesellschaftliche System ist in allen Bereichen herausgebildet.*
600 – 800 n. Chr.	**Die späte Klassik:** *Der Höhepunkt der Kultur und erste Anzeichen für Krisen in den Stadtstaaten.*
800 – 900 n. Chr.	**Die Endklassik:** *Die klassische Maya-Kultur bricht zusammen. Die großen Stadtstaaten werden aufgegeben.*

Die Postklassik (900 – 1521 n. Chr.)

900 – 950 n. Chr.	*Die Städte der Puuc-Region überleben den Zusammenbruch der Kultur.*
950 n. Chr.	*Chichén Itzá übernimmt unter dem Einfluss der Tolteken die Machtposition auf der Yucatán-Halbinsel.*
Erste Hälfte des 13. Jh.	*Mayapán wird zum Führungszentrum auf der Yucatán-Halbinsel und Tulum wichtigster Hafen der Ostküste.*
1442 n. Chr.	*Mayapán wird von revoltierenden Herrscherfamilien anderer Stadtstaaten zerstört.*
1521 n. Chr.	*Die Spanier erreichen die Yucatán-Halbinsel.*

Die Nachfahren der Maya heute

Die Maya-Kultur ist lebendig! Es gibt 29 Mayastämme, die noch immer ihre eigenen **Sprachen** sprechen!! Ab etwa 2000 v. Chr. spaltete sich das Proto-Mayan in mehrere Unterdialekte auf, die sich im Verlauf der Jahrhunderte immer weiter differenzierten. Es existierten einmal 31 Mayasprachen, von denen zwei heute nicht mehr gesprochen werden. Während auf der gesamten Yucatán-Halbinsel nur eine Sprache – das Yucatecan – gesprochen wird, sich somit alle Maya untereinander verständigen können, bildeten sich im südlichen Mayagebiet 30 eigenständige Sprachen heraus. Lauschen Sie auf

Ihrer Reise einmal bedächtig den Gesprächen der heutigen Maya untereinander. Ein Erlebnis für sich!

Heute leben allein in Guatemala sechs Millionen Maya und in den mexikanischen Bundesstaaten Quintana Roo, Yucatán, Campeche und Chiapas stellen sie einen großen Prozentsatz der Bevölkerung. In abgelegenen Gegenden sprechen viele Maya kein Spanisch, sondern nur ihre Mayasprache.

An vielen Orten haben sich die heutigen Maya ihre alten Traditionen bewahrt. Der aufmerksame und aufgeschlossene Reisende, der nicht nur die Touristenzentren bereist, kann unvergessliche Kontakte mit Einheimischen erleben. Insbesondere in den Kapiteln „Traditionelle Kultur am Atitlán-See" und „Traditionelle Maya-Kultur auf der Yucatán-Halbinsel" werden Hinweise gegeben, wo und wie man lebendige Maya-Kultur heute erleben kann.

Die Welt der Maya

Die „Welt der Maya" erstreckte sich über die heutigen Bundesstaaten Mexikos Quintana Roo, Yucatán, Campeche, Tabasco und Chiapas, ganz Guatemala, ganz Belize und die westlichen Bereiche von Honduras und El Salvador.

Das Mayagebiet wird allgemein eingeteilt in drei große Bereiche:

1. Das nördliche Tiefland, das identisch ist mit der Yucatán-Halbinsel, mit fast ausnahmslos flachem Land, wenigen Flüssen und sieben Monaten im Jahr trockenem Klima.

2. Das südliche Tiefland mit dem undurchdringlichen Regenwald, das von vielen breiten Flüssen durchzogen wird und große Seen aufweist.

3. Der südliche Bereich mit dem mexikanischen und guatemaltekischen Hochland, das zur Pazifikküste hin abfällt.

Die Welt der Maya

Die Welt der Maya

Begründet hat sich die Kultur der Maya **im südlichen Tiefland.** Hier, wo große Flüsse und Seen die Wasserversorgung sicherten und der Regenwald Nahrung in Form von Tieren, Pflanzen und Kräutern bot. Die ältesten großen Mayametropolen, die ihren Höhepunkt schon in der vorklassischen Zeit erlebten und wahrscheinlich die ersten Begründer der Kultur waren – El Mirador und Nakbé – liegen noch heute vom Dschungel verschlungen im unzugänglichen Norden des guatemaltekischen Bundesstaates Peten. Die mächtigen Stadtstaaten der klassischen Zeit, wie Copán, Tikal, Yaxchilán, Palenque und viele weitere, kamen in der ersten Hälfte der Klassik zu Einfluss und Macht. Alle diese beeindruckenden Stadtstaaten wurden im 9. Jh. n. Chr. aus noch nicht vollends geklärten Gründen aufgegeben.

Die bekannten **Zentren des nördlichen Tieflandes,** Uxmal und Chichén Itzá, existierten zwar schon in der klassischen Zeit, sie stiegen jedoch erst nach dem Zusammenbruch der klassischen Zentren – zu Beginn der Postklassik – zu Supermächten auf. Um die Mitte des 13. Jh. waren beide wieder untergegangen. Nun wurde Tulum – eine im Vergleich mit den monumentalen Zentren der vorangegangenen Jahrhunderte winzige Stätte – zum wichtigsten Handelshafen der späten Postklassik.

Die Maya-Welt war nie ein zusammenhängender Staat mit einer Hauptstadt. Es gab immer eine **Vielzahl von Stadtstaaten,** die im Wettstreit um Macht und Ansehen standen. In den hier gezeigten Regionen hat sich im Laufe der Jahrhunderte jeweils ein eigener Stil in der Konstruktionsweise herausgebildet. Meistens im Zusammenhang mit einer langen Herrschaftsperiode eines bestimmten Stadtstaates, der die Region kontrollierte und ihr den architektonischen Stempel aufdrückte.

In Form einer Reise zu den wichtigsten Maya-Stätten werde ich im Hauptkapitel „Maya-Kultur er-

DIE WELT DER MAYA

Auftreten von architektonischen Elementen nach Regionen	Südosten	Peten	Usumacinta
Tempelpyramiden	●	●	●
Tempelakropolen	●	●	●
Palastakropolen	●	●	●
Palast mit Tempel			
Ballspielplatz	●	●	●
Sacbé (heilige Straße)	●	●	●
Stele und Altar	●	●	●
Dachkämme	●	●	●
Hieroglyphentexte	●	●	●
bearbeitete Steintafeln	●	●	●
Zwillingspyramidenkomplex		●	
Zwischenkehle an Tempelseite		●	
natürliche Erhebung statt Pyramide			●
Nischen mit Skulpturen			●
Verteidigungsstruktur			●
Säulen			
abgerundete Gebäudeecken			
Chac Mool (Wächterfigur)			
Flachdächer			

leben" die Architektur der jeweiligen Regionen und Stätten beschreiben, unter ihnen Vergleiche anstellen und Unterschiede herausstellen.

Die Tabelle oben listet die wichtigsten architektonischen Elemente auf und analysiert, in welchen Stilen sie auftreten. Dabei sind die nicht im Buch be-

DIE WELT DER MAYA

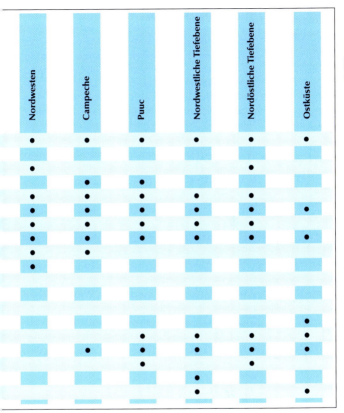

handelten Stile außer Acht gelassen. Leser, die in Gebiete reisen wollen, deren Stätten und architektonischen Stile hier nicht beschrieben sind, können sich gerne mit Fragen an mich wenden:

info@mayakultur.de oder info@playaspanish-school.com

Routenplanung

Für Reisende, die in die Welt der Maya eintauchen wollen, gibt es vier **verkehrsgünstige Flughäfen,** von wo man die verschiedenen Länder – Mexiko, Belize, Guatemala, Honduras und El Salvador – bereisen kann: Mexiko-Stadt, Guatemala-Stadt, Belize-Stadt und Cancun. Geschickt wäre ein Gabelflug, damit keine Strecke doppelt gefahren werden muss.

Wer den Hinflug nach **Guatemala-Stadt** bucht, befindet sich sogleich im Zentrum der heute lebendigen Maya-Kultur.

Wer nach **Cancun** fliegt, hat auf der Yucatán-Halbinsel eine große Anzahl von archäologischen Stätten zur Auswahl, und wer in **Belize-Stadt** ankommt, steht vor der Qual der Wahl: Egal, in welche Himmelsrichtung man reist, es gibt eine Vielzahl von Maya-Stätten zu entdecken.

Wählt man einen Flug nach **Mexiko-Stadt,** landet man zwar nicht inmitten der Maya-Welt, kommt aber nach nicht langer Fahrt von Westen her ins Mayagebiet – bzw. verlässt bei einem Rückflug von Mexiko-Stadt aus die Region im Westen.

Die Abfolge der Beschreibungen der archäologischen Stätten in diesem Buch zeigt gleichzeitig eine gute **Routenplanung** für Ihre Reise durch die Welt der Maya: Hinflug nach Guatemala-Stadt und Rückflug von Cancun oder umgedreht. So durchquert man die Welt der Maya von Süden nach Norden oder entgegengesetzt.

Für diese Tour benötigt man zwischen drei und vier Wochen **Reisezeit,** je nachdem, wie viele Ruhepausen man einlegt und wie viel Zeit man sich für die einzelnen Orte nimmt. Selbstverständlich kann man die eine oder andere Stätte wegfallen lassen oder andere Sehenswürdigkeiten hinzunehmen und selbstverständlich kann man in der Mayaregion auch sehr viel mehr Zeit verbringen.

ROUTENPLANUNG

ROUTENPLANUNG

Das folgende Kapitel gibt eine Übersicht über die **Highlights** der in diesem Buch beschriebenen Maya-Stätten. Dies ermöglicht eine Vorauswahl der zu besuchenden Orte.

Ich würde jedem Mayafreund raten, auf seiner Reise zumindest eine kleine **abgelegene Stätte** zu besuchen. Hier, wo man keine Touristen antrifft, die Gebäude unter Umständen noch vom Regenwald überwuchert sind, kann man einmal das unbeschreibliche Gefühl nachempfinden, das die frühen Forscher und Abenteurer gehabt haben müssen, als sie eine Stätte entdeckten. In der Region des Peten und in der Puuc-Region gibt es eine Vielzahl von Stätten, die es wert sind, besucht zu werden und die auch ohne allzu große Strapazen erreicht werden können.

Mit Ausnahme der archäologischen Stätte von Yaxchilán werden Sie überall **Unterkünfte** in der Nähe vorfinden. Das Angebot an **Transportmitteln** ist mittlerweile in allen Regionen ausreichend strukturiert. Nur der Besuch von Ek Balam könnte etwas schwierig werden. Die Stätte ist noch immer ein absoluter Geheimtipp! Nach Ek Balam fahren keine öffentlichen Busse und es gibt auch sonst keine Reiseangebote und wenn doch, dann zu hohen Preisen. Für diesen Besuch sollte man sich einen Wagen mieten.

Literaturtipp

Die Reiseführer des Reise-Know-How Verlages „Mexiko" von Helmut Hermann und „Guatemala" von Barbara Honner werden Ihnen die Reiseplanung in Bezug auf Unterkünfte, Transportmittel und -zeiten wesentlich erleichtern. Sie geben weiterhin einen hervorragenden Überblick über die Geschichte und Politik beider Länder.

Highlights der Maya-Welt

Copán

- Der „Große Platz" – ein Platz mit kunstvoll bearbeiteten steinernen Monolithen.
- Der Ballspielplatz – einer der schönsten Ballspielplätze der Maya-Welt.
- Die Hieroglyphentreppe mit 2200 Schriftzeichen – der längste, in Stein gehaueneText, der bislang gefunden wurde.
- Der Altar Q – eine in Stein gehauene zeitliche Abfolge der Herrscherdynastie.
- Das Museum – ein anschauliches Informationszentrum über die Geschichte und Funde Copáns.

Tikal

- Die zentrale Plaza – in den Bann ziehender Freiraum zwischen den sich gegenüber stehenden Tempeln I. und II.
- Die Zentral- und Nord-Akropolis – ein Zeremonial- und ein Wohnkomplex immenser Größe.
- Tempel IV. – das höchste Monumentalgebäude der Mayaklassik.
- Zwillingspyramidenkomplexe – einzigartige Architektur, die nur in Tikal und Yaxhá gefunden wurde.

Triángulo Cultural

- Topoxté – eine von den Maya vollständig bebaute Insel.
- Tempel 216 von Yaxhá – eine monumentale Tempelpyramide im Stile Tikals.
- Nakum – eine Mayametropole mit einer der größten Palastakropolen, in der zurzeit noch geforscht wird.

Highlights der Maya-Welt

- Naranjo – eines der größten Zentren des Peten, in dem die Forschungsarbeiten erst kürzlich begonnen haben.
- Unterzentren – Adelssitze von Familienangehörigen eines Königs, die in einiger Entfernung zu den großen Stadtstaaten angelegt wurden.

Yaxchilán

- Die „Gran Plaza" – Platz mit Bauten, deren Türstürze mit einmalig schönen Reliefs verziert sind.
- Die „Große Akropolis" und die „Kleine Akropolis" – vom Dschungel umschlungene Gebäude.
- Gebäude 33 – der Königspalast; beeindruckendes monumentales Gebäude mit einem der schönsten Dachkämme der Maya-Welt.

Bonampak

- Die Wandmalereien von Bonampak – die kunstvollsten Wandmalereien zeigen verschiedene Szenen des königlichen Hofes.

Palenque

- Der „Tempel der Inschriften" – das Wahrzeichen mexikanischer Mayaarchitektur mit einer innen liegenden Treppe, die zum Grab von Pacal führt, dem mächtigsten Herrscher Palenques.
- Die Relieftafel des „Tempels der Inschriften" mit Pacal im Weltenbaum – eine kunstvoll bearbeitete Steinplatte zeigt Pacal im Zentrum des Universums.
- Der Komplex der Tempel der Kreuze – eine Platzanlage mit monumentalen Tempelpyramiden am Rande des Regenwaldes.
- Der „Palast" – der Wohnkomplex des Königs und seiner Familie im Zentrum der Anlage.

Highlights der Maya-Welt

▲ *Palenque, Tempel der Inschriften*

Edzná

- Das „fünfstöckige Gebäude" – ein pyramidaler Unterbau, der in Form von Palästen konstruiert wurde und auf dem oberen Abschluss einen Tempel mit Dachkamm trägt.
- Die Anlage von architektonischen Achsen, die mit dem Lauf der Sonne in Verbindung stehen – jeden 13. August fallen die Sonnenstrahlen durch die Mittelpunkte dreier monumentaler Gebäude.
- Das hydraulische System – ausgeklügeltes Wasserleitungssystem mit Haupt- und Zuleitkanälen und vielen Zisternen.

Uxmal

- Die Ruta Puuc – Tour durch die Puuc-Region, auf der viele der Stätten dieser Region bewundert werden können.

Highlights der Maya-Welt

- Grutas de Loltun – ein Höhlensystem, in dem früheste Zeugnisse der ersten Bewohner der Maya-Welt gefunden wurden.
- Der Tempel des Wahrsagers – einzigartige Tempelpyramide mit ovalem Grundriss.
- Das Nonnenviereck – von vier kunstvollen Palastgebäuden eingerahmter, riesiger Innenhof.
- Der Gouverneurspalast – eine gewaltige Konstruktion auf einem riesigen Fundament.
- Codz Poop – monumentales Gebäude, dessen Hauptfassade mit Masken des Regengottes Chac übersät sind.

Chichén Itzá

- Das Observatorium – Rundbau zur Beobachtung der Vorgänge im Universum.
- „La Iglesia" (Die Kirche) – schöner Bau aus der klassischen Zeit.
- „El Mercado" (Der Markt) – Komplex mit hohen Säulen, der wahrscheinlich ein Marktplatz war.
- Der Ballspielplatz – der größte Ballspielplatz Mesoamerikas.

▶ Chichén Itzá, „La Iglesia"

HIGHLIGHTS DER MAYA-WELT

- Der „Tempel des Kukulcán" – die Perfektion der Mayaarchitektur im Zusammenspiel mit den Einfallswinkeln der Sonnenstrahlen.
- Der Tzompantli – Plattform mit in Stein gehauenen Abbildern von Totenköpfen.
- Der heilige Cenote – natürlicher Zugang zum unterirdischen Flusswassersystem, der für die Maya heilig war.
- Der Kriegertempel – größtes Monument in reiner Toltekenarchitektur.
- Chac Mool – Wächterfigur, die zum symbolischen Schutz vor Heiligtümern aufgestellt wurde.
- Gruppe der tausend Säulen – die steinernen Säulen zeigen Bilder von heimkehrenden Kriegern.

Ek Balam

- Die Stadtmauern – Verteidigungswälle, die auf eine kriegerische Zeit hindeuten.
- Das Stadttor – eindrucksvoller Mayabogen, der als Eingang zum zeremoniellen Zentrum diente.
- Die Akropolis – eine der größten Akropolen der Maya-Welt mit hervorragend gearbeiteten künstlerischen Details.
- Architektonischer Einfluss unterschiedlicher Regionen – Konglomerat verschiedener Stile.

Tulum

- Der „Tempel der Fresken" – schönste Wandmalereien an den Innenwänden.
- „El Castillo" – Prototyp der Architektur der späten Postklassik.
- Handelshafen der späten Postklassik – der Handel wird zum wichtigsten Bestandteil der Kultur.
- Die Mondgöttin „Ixchél" und der „Herabstürzende Gott" – Verehrung anderer Götter als zur klassischen Zeit.

Maya-Kultur gestern und heute

▶ *Typische Trachten in der Region des Atitlán-Sees*

Maya-Kultur gestern und heute

Rund um den Atitlán-See

Traditionelle Kultur rund um den Atitlán-See

Indianerdörfer am Atitlán-See

Der Atitlán-See ist nach Alexander von Humboldt – einem der ersten deutschen Forscher, der diese Region bereiste – „der schönste See der Welt". Er liegt auf 1560 Metern Höhe und ist von drei aufragenden Vulkanen eingerahmt – Tolimán (3158 m), Atitlán (3536 m) und San Pedro (3020 m).

An den Ufern des Sees liegen **12 Indianerdörfer,** deren Bewohner nach alten Traditionen leben. Sie fischen vom Cayuco (Einbaum) aus und schlagen Holz für das abendliche Feuer, denn auf einer Höhe von 1560 Metern kann es nachts beträchtlich kalt

Tortillas backen

Die Zutaten waren zu Zeiten der alten Maya und sind noch heute bei den modernen Maya nur Maiskörner und Wasser. Es werden auch heute keine chemischen Zusätze dazugegeben. Als Utensilien dienen ein großer und ein kleiner Stein. Der große Stein wird „Metate" genannt und ist ein Mahlstein mit einer Vertiefung. Der kleine Stein ist länglich und rund, eine Handrolle zum Mahlen der Maiskörner. Zu einem Kilogramm gemahlenen Maiskörnern wird nach und nach ein Liter Wasser eingerührt. Die Masse wird dabei ständig mit

beiden Händen geknetet, bis sich beide Zutaten vermischt haben. Ist die perfekte Mischung erreicht, lässt man die Masse zwischen fünf und fünfzehn Minuten in einem feuchten Tuch ruhen. Nun können die typischen Tortillas geformt werden, die mehrfach zwischen den Händen hin- und hergeworfen werden, bevor sie über einem Feuer gebacken werden.

Rund um den Atitlán-See

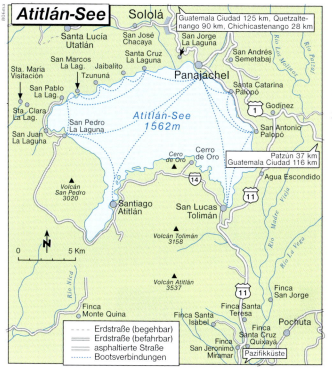

werden. Natürlich braucht man das Feuer auch, um die wichtigen ↗**Tortillas** bereiten zu können, die bei den Maya Bestandteil jeder Mahlzeit sind.

An den nördlichen Ufern des Sees leben Maya des Stammes der Cakchiquéles und im Süden der Tzutuhiles. In jedem Ort tragen die Indianer traditionell gewebte Trachten mit verschiedenen Farben und unterschiedlichen Mustern. Die Männer bevorzugen heute häufig westliche Kleidung und legen die **traditionellen Trachten** nur noch zu den Fest-

TRADITIONELLE WEBARBEITEN

Traditionelle Webarbeiten

Durch archäologische Funde ist bewiesen, dass die Maya schon spätestens zu Beginn unserer Zeitrechnung verschiedene Webtechniken kannten. Da die hierzu benutzten Materialien Baumwolle und die Fasern der Henequén-Agave vergängliche Materialien waren, sind leider nicht viele Funde gewebter Trachten gemacht worden. Nur in wenigen Fällen überdauerten Webarbeiten die Zeit, etwa wenn sie - in tiefem Schlamm abgelagert - nicht in Kontakt mit Sauerstoff kommen konnten.
Bis heute werden unterschiedliche Techniken wie Spinnen, Sticken, Mullweben, die Brokat- und Ikattechnik oder das Weben per Trittwebstuhl angewendet. Die am häufigsten angewandte und überall anzutreffende Art des Webens ist die per Gürtelwebgerät (Telar de Cintura).
Nach dem so genannten „Anzetteln", dem Sortieren der Fäden nach Farbe und Länge, wird das Webgerät bespannt. An dem oberen Endholz des Webstuhls wird ein Seil befestigt, das um einen Baum gebunden wird (es kann auch ein anderer beliebiger fester Punkt sein, etwa ein Holzpfosten) und das untere legt sich die Weberin in Form eines Rückengurtes um die Hüften. Mit dem „Trennstab" hält die Weberin die oberen und unteren „Kettfäden" auseinander und mit dem „Litzenstab" hebt sie die unteren über die oberen „Kettfäden". Dadurch entsteht ein „Fach", durch das der „Schussfaden" gezogen wird. Dieser „Schussfaden" ist an das so genannte „Schiffchen" gebunden, mit welchem die Indianerin den Faden führt.

Rund um den Atitlán-See

tagen an. Die Frauen tragen täglich ihre gewebten Kleider. Huipiles (Blusen) mit aufgestickten Blumen- und Tiermotiven, einen uq (Wickelrock), um den eine faja (Wollgürtel) gelegt wird und einen tzut (Kopftuch), der um den Kopf gewickelt wird. Diese traditionellen Trachten werden noch heute von Hand ↗gewebt.

Der Atitlán-See ist heute das beste Beispiel für die Vermischung zweier Religionen. Einerseits haben die Maya den katholischen Glauben angenommen, aber andererseits verehren sie noch immer **alte Götter und Heilige,** die nicht in das Bild der katholischen Kirche passen. So wird in Santiago de Atitlán eine Figur namens „Maximón" verehrt – ausgesprochen „Maschimong" –, eine hölzerne Figur, der die Indianer Opfer in Form von Kerzen, Blumen, Geld, Alkohol und Zigarren darbringen. Man wird „Maximón" nie ohne Zigarre im Mund antreffen.

> **Weben lernen**
>
> *Wer sich länger am Atitlán-See, in Antigua oder einem der indianischen Dörfer aufhalten sollte, für den könnte es eine interessante Sache sein, die traditionelle Webtechnik zu erlernen oder sie zumindest einmal auszuprobieren. Außerdem bekommt man auf diese Art und Weise besonders intensiven Kontakt zu den Indianern. Sprechen Sie einfach eine oder mehrere Indianerinnen darauf an, aber verabreden Sie auf jeden Fall einen Preis, damit es hinterher nicht zu Missverständnissen kommt.*

„Maximón" wird grundsätzlich im Haus einer Familie beherbergt. Jedes Jahr wird er von einem privaten Haushalt in einen anderen gebracht und es ist die größte Ehre für die ausgewählte Familie, „Maximón" für ein Jahr beherbergen zu dürfen. Begleitet wird er von vier Würdenträgern des Dorfes, die für die dargebrachten Opfer bestimmte Rituale und Zeremonien durchführen. Die Opfer bringenden Indianer erbitten dabei Glück in der Liebe, Hilfe bei der Suche nach Arbeit oder Linderung gesundheitlicher Probleme.

Ein Besuch bei „Maximón" wird auch Touristen nicht verwehrt. Wenn man in Santiago ankommt,

Rund um den Atitlán-See

▲ „Maximón" in seinem zeitweiligen Zuhause

muss man nur nach ihm fragen und jemand wird Sie gegen ein kleines Entgelt zu ihm führen. Wenn Sie sich respektvoll und zurückhaltend benehmen und eine kleine Spende abgeben, wird man Sie offenherzig empfangen. Eine gute Gelegenheit, in die Kultur der heutigen Maya einzutauchen!

Rund um den Atitlán-See

> **Popol Vuh – Das heilige Buch der Quiché-Maya**
> *Das heilige Buch der vorspanischen Quiché-Maya, das „Popol Vuh", in dem alte Mythen und Legenden der Indianer erzählt werden, überlebte die Verbrennungen der Spanier und gibt Aufschluss über das Leben und Denken der damaligen Maya. Es enthält unter anderem die wichtige Schöpfungsgeschichte der Maya, nach der die Götter zunächst versuchten, die Menschen aus Lehm herzustellen. Doch diese Menschen waren zu zerbrechlich und lösten sich im Regen auf. Im zweiten Versuch kreierten sie die Menschen aus Holz, doch diese hatten kein Herz und keine Seele und sie vergaßen, dass die Götter sie geschaffen hatten. Erst der dritte Versuch war erfolgreich: Letztendlich formten die Götter die Maya aus Mais. An diese Schöpfungsgeschichte anlehnend, nennen sich die Maya Maismenschen.*
> *Heute ist das „Popol Vuh" in verschiedenen Sprachen erhältlich. Ein literarischer Genuss, wenn man sich in die Welt der alten Maya hineinversetzen möchte!*

Chichicastenango – indianischer Alltag und Religion heute

20 Kilometer nördlich des Atitlán-Sees befindet sich die Stadt Chichicastenango. Hier kann man donnerstags und sonntags einen der typischsten **Indianermärkte** Guatemalas besuchen. In und um Chichicastenango – kurz Chichi genannt – leben Maya des Quiché-Stammes. Die Indianer kommen aus den umliegenden Dörfern und häufig selbst von weit her, um hier ihre Waren zum Kauf anzubieten. Überall in den Straßen befinden sich aneinander gereiht kleine Stände, die die verschiedensten Waren anbieten: Schmuck, Webstoffe, Wandbehänge, hölzerne Masken und vieles mehr.

Hier in Chichicastenango steht die wichtigste Kirche Guatemalas. Es ist die von den Dominikanern errichtete **Kirche „Santo Tomas".** Sie ist den Indianern heilig. Touristen dürfen sie betreten, aber keine

Rund um den Atitlán-See

Bilder machen. Bitte daran halten! Schon auf der Kirchentreppe werden Sie ↗Indígenas bei ihren Gebeten und Zeremonien beobachten können. Brennende Kerzen überall auf den Treppenstufen, qualmendes Kopal und Blumen, die den Göttern dargebracht werden. Katholizismus und indianischer Götterglaube verschmelzen.

Indígenas
Die Indianer nennen sich selbst „Indígenas" oder „Naturales". „Indio" ist ein Schimpfwort, vergleichbar mit dem Ausdruck „Neger". Wenn Sie sich keinen Ärger einhandeln wollen, sollten Sie dieses Wort besser nicht benutzen.

Auf dem **Cerro Pascual Abaj,** einer Anhöhe, befindet sich ein steinerner Kopf, dessen Herkunft und Alter unbekannt sind. Er ist umgeben von einem Kreis von Steinen. Hier kann man mit etwas Glück eine Zeremonie verfolgen, bei der unter Umständen auch **Tiere geopfert** werden – meist Hühner. Das Abbrennen von Kopal, Anzünden von Kerzen und die Darbringung verschiedener Lebensmittel und Blumen gehört auf jeden Fall immer zu den Ritualen.

▼ *Geschäftiges Treiben vor der Kirche Santo Tomas*

Antigua – die barocke Hauptstadt der Spanier

Nachdem die erste **Hauptstadt der Spanier** – heute mit dem Namen „Ciudad Vieja", die alte Stadt – 1541 von einem Erdbeben zerstört worden war, wählten die Spanier das fruchtbare Panchoy-Tal für die nächste Hauptstadt aus. Hier sollte ab Anfang des Jahres 1543 eine neue, beeindruckende Hauptstadt entstehen, in die alle kirchlichen Orden zogen und prachtvolle Kirchen und Klöster errichteten.

Über 200 Jahre blühte Antigua, war sowohl geistiges als auch kulturelles Zentrum der Neuen Welt. Zeitweise lebten hier über 70.000 Menschen. Doch 1773 fiel auch Antigua einem schweren **Erdbeben** zum Opfer. Innerhalb weniger Minuten wurde die Stadt zu einem Ruinenfeld. Noch heute findet man über die Stadt verstreut viele alte Ruinen. Die Hauptstadt wurde aufgegeben und wiederum eine neue gegründet: das heutige Guatemala-Stadt. An-

▼ *Blick auf Antigua*

Jadeschmuck der alten Maya

In Antigua werden Sie viele Jadegeschäfte und -fabriken entdecken. Selbst in der Straße wird Jade zum Kauf angeboten. Vorsicht!! Es gibt viele Fälschungen. Wenn Sie sich wirklich über Jade und ihren Gebrauch unter den alten Maya informieren wollen, dann besuchen Sie am besten die Jadefabrik „Jades S.A." in der Calle 4 Oriente 34. „Jades S.A." ist die erste Jadefabrik, seitdem wiederentdeckt wurde, wo sich die Jademinen der Maya befanden. Über lange Zeit war es ein Rätsel, woher die Maya die Jade bekamen. Archäologen und andere Forscher fanden in den Königsgräbern Masken aus Jade und schönsten Schmuck, doch wusste niemand, wo die Jademinen im Mayagebiet gewesen sein mögen. Erst 1975 fand das nordamerikanische Archäologenehepaar Mary Lou und Jay Ridinger im Tal des Flusses Motagua die bislang einzige entdeckte Jademine der alten Maya-Welt. Zusammen gründeten die beiden daraufhin die erste Jadefabrik Zentralamerikas - „Jades S.A." - in Antigua. Hier stellen sie noch heute detailgetreue Kopien der Jademasken und anderer authentischer Jadefunde her. Auf diese Weise wird die Kunst der alten Maya am Leben erhalten, auch wenn die Masken heute natürlich mit Hilfe moderner Technik ausgearbeitet werden. Heute produzieren auch andere Fabriken Kopien, doch lässt die Qualität häufig zu wünschen übrig. Ein Besuch von „Jades S.A." ist sehr zu empfehlen. Hier läuft ständig ein Video über die Wiederentdeckung der Jademine durch die Ridingers und gibt weitere allgemeine Informationen. In der Fabrik gibt es einen Teil, der wie ein kleines Mayamuseum aufgebaut ist. Hier ist unter anderem ein Königsgrab nachgestellt worden. Sehr sehenswert! Führungen sind kostenlos. Nehmen Sie dieses Angebot ruhig in Anspruch, auch wenn Sie nichts kaufen wollen. Die Informationen, die Ihnen die sachkundigen Personen vermitteln, bekommen Sie so geballt nirgendwo anders.

ANTIGUA

tigua wurde erst über 100 Jahre später wieder langsam besiedelt. Heute steht die gesamte Stadt unter Denkmalschutz – 1979 von der Unesco zum **„Weltkulturerbe"** erklärt.

Antigua ist eine der letzten **barocken Stadtanlagen,** die den Einzug der Moderne überlebt hat. Heute wird die Stadt wie vor Hunderten von Jahren konserviert. Der Stadtrat hat Gesetzesgewalt. Ein Neubau, der nicht im barocken Stil ausgeführt wird, wird rigoros lahm gelegt. Selbst die Straßen werden weiterhin in Form des Kopfsteinpflasters belassen.

COPÁN

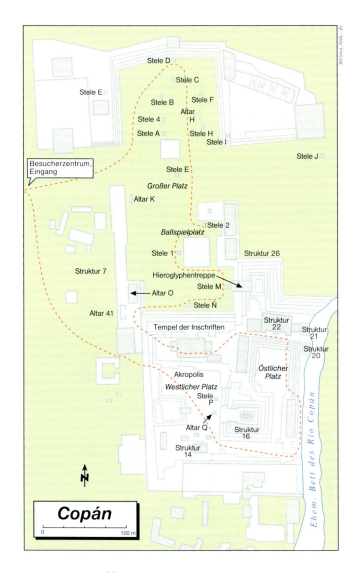

Copán – Kunst in Stein

Einführung

In Bezug auf die Kunst von Stuckateuren und Steinmetzen ist Copán eine unvergleichliche Stätte. Es gibt hunderte Reliefs, Skulpturen, Stelen und Altäre zu bewundern.

Der einst einflussreiche Stadtstaat liegt im heutigen Honduras. Von Guatemala-Stadt sind es 230 Kilometer bis zur guatemaltekisch/honduranischen Grenze. 14 Kilometer dahinter befinden sich die Ruinen.

Im Copán-Tal, nach dem die archäologische Stätte benannt worden ist – auch das heutige Dorf in der Nähe der Stätte trägt diesen Namen – siedelten die ersten Menschen schon um 1100 v. Chr. Sie lebten von der Jagd und begannen mehr und mehr, sich Ackerbaumethoden zu widmen und sich davon zu ernähren.

König Yax-Kuk-Moo gilt als der Dynastiegründer Copáns (im Jahre 426 n. Chr.). Alle folgenden Herrscher beriefen sich auf ihn und nannten sich Herrscher Nr. soundsoviel seit Yax-Kuk-Moo. Vor der großen Pyramide Nr. 16 findet man die Kopie eines einzigartigen Kunstwerks, des Altars Q (das Original kann im Museum besichtigt werden), an dessen vier Seiten jeweils vier Persönlichkeiten in Stein gehauen sind. Es ist die Abfolge der 16 legitimen Herrscher, seitdem Yax-Kuk-Moo die Dynastie begründet hatte. Er war nicht der erste König Copáns, aber wohl die beeindruckende Persönlichkeit, die eines Dynastiegründers würdig war und auf die man sich als ehrwürdiger königlicher Nachfahre berufen konnte.

Im Laufe der folgenden 400 Jahre konstruierten die Nachfahren Yax-Kuk-Moo's eindrucksvolle Tempel zu Ehren der unfehlbaren Götter. Das fruchtba-

COPÁN

re Tal wurde mehr und mehr zugebaut. Man benötigte immer weitere heilige Tempel, um den Göttern gerecht zu werden. Mit dem Anstieg der Bevölkerung – und damit dem zahlenmäßigen ↗Anwachsen der Adelsschicht – nahmen sich immer mehr hoch stehende Persönlichkeiten das Privileg heraus, im religiösen Zentrum leben zu dürfen.

> **Die Anzahl der Adligen** *nahm über die Generationen kontinuierlich zu. Die Angehörigen dieser Klasse nahmen zwar Privilegien für sich in Anspruch, mussten aber ernährt werden, ohne dass sie für die Nahrungsproduktion etwas leisteten. Über die Zeit rissen sie Machtpositionen an sich und je weiter sich die Stammeslinie aufspaltete, desto größer wurde die Gefahr politischer Probleme für den König.*

Damit wurden die Bauern immer weiter in die Außenbezirke abgedrängt, wo die Böden lange nicht mehr so fruchtbar und damit die Ernten nicht mehr so ertragreich waren. Die Transportwege verlängerten sich. Großflächige Abholzungen für die Anlage von Maisfeldern (span. = milpa) riefen verstärkte Bodenerosion hervor und damit weitere landwirtschaftliche Probleme. Die **Ernährungsprobleme** führten letztendlich zu innenpolitischen Problemen. Es gilt als gesichert, dass vor der Aufgabe der Stadt nicht nur das normale Volk fehlernährt war, sondern selbst die Oberschicht Defizite in der Ernährung aufwies. Auf jeden Fall einer von mehreren Gründen, die letztendlich den Untergang der Stätte zur Folge hatten.

Besichtigung

Highlights
- *Großer Platz*
- *Ballspielplatz*
- *Hieroglyphentreppe*
- *Altar Q*
- *Museum*

Copán ist in Bezug auf die Kunst der Steinmetzarbeiten, Skulpturen, Reliefs und Stuckarbeiten die herausragendste aller Maya-Stätten. Auf dem **Großen Platz** stehen die eindrucksvollsten ↗Stelen, die zumeist das Antlitz von Achtzehn-Kaninchen zeigen, eines der mächtigsten Herrscher Copáns.

Der **Ballspielplatz** im Zentrum der Stätte ist mit seinen Proportionen und den noch gut erkennba-

Stelen

Stelen

Stelen sind pfeilerartige Monumente, die vor ihrer Aufstellung kunstvoll bearbeitet wurden. Meist zeigen sie das Antlitz eines großen Herrschers, zu dessen Ehren sie aufgestellt wurden. Häufig wurden sie in Verbindung mit einem monolithischen, runden Altar vor einer Pyramide aufgestellt. Ihre Inschriften beziehen sich auf den Grund der Konstruktion und die Tempeleinweihung.

Die äußerst komplex ausgearbeiteten Hieroglyphentexte geben Aufschluss über die Verknüpfung der Konstruktion eines Bauwerks mit einem historisch-dynastischen Ereignis. Die Maya der Klassik haben jede Tempelkonstruktion in ihrer Zeitrechnung exakt fixiert und das Datum der Einweihung wird von ihnen jeweils im Hieroglyphentext angegeben. Für die prähispanische Architekturgeschichte ist dieses einmalig und eine große Hilfe bei der Interpretation und geschichtlichen Einordnung der Monumentalbauten. Durch die Inschriften auf Stelen, Altären, an Tempel- und Gebäudefassaden weiß man heute von vielen Bauwerken, wann, warum und von wem sie errichtet worden waren und kann daraus auf soziale und politische Abläufe schließen.

▲ *Detail einer Stele in Quiriguá, Region Südosten*

Das Ballspiel

Das Ballspiel

Ein Ballspielplatz besteht grundsätzlich aus zwei länglichen, identischen Baukörpern, die parallel zueinander errichtet wurden. Zwischen diesen beiden architektonischen Strukturen wurde ein Zwischenraum von einigen Metern gelassen, das eigentliche Spielfeld. An den seitlichen Begrenzungen des Spielfeldes beginnen die Strukturen mit einer schrägen Fläche von etwa 15 Grad, die bis zu einer vertikalen Mauer führen, an der häufig steinerne Ringe angebracht waren.

Der kleinste Ballspielplatz liegt neben dem Tempel I von Tikal, dem so genannten „Tempel des Großen Jaguars". Das Spielfeld hat eine Größe von 1,70 x 16 Meter. Im Vergleich dazu steht der größte Ballspielplatz in Chichén Itzá. Er ist in der Postklassik unter dem Einfluss der Tolteken erbaut worden. Er ist der einzige, der so gut wie keine schrägen Flächen aufweist, sondern nur vertikale Wände. Die Ausmaße dieses Spielfeldes betragen 30 x 96,50 Meter!

Das Ballspiel ist eines der größten Rätsel der Maya-Kultur. Durch Zeichnungen auf Keramiken und in Stein gehauene Abbildungen ist lediglich bekannt, dass der Ball nur mit der Hüfte gespielt werden durfte. Da mit einem drei bis

▶ *Der kleinste Ballspielplatz: in Tikal*

▶▶ *Der größte Ballspielplatz: in Chichén Itzá*

DAS BALLSPIEL

acht Kilogramm schweren und harten Kautschukball gespielt wurde, waren die Hüften der Spieler mit einem großen Schutzgürtel versehen. Um den Ball spielen zu können, mussten sich die Spieler auf dem Boden abstützen oder warfen sich gar auf den harten Boden, um den Ball zu treffen. Deshalb waren die Ellbogen und Knie gepolstert.

Wie viele Spieler eine Mannschaft hatte, nach welchen Regeln gespielt wurde, wer wann gewonnen hatte und was mit den Verlierern und Gewinnern geschah, ist gänzlich unbekannt. Anscheinend wurden Punkte errungen, indem man den Ball durch einen steinernen Ring spielte.

Häufig wird vermutet, dass das Ballspiel mit der späteren Opferung der Verlierer verbunden war. Dafür gibt es allerdings bislang keine Beweise!

Jedoch scheint in jeder archäologischen Stätte der Maya mindestens ein Ballspielplatz existiert zu haben. Das Ballspiel ist also im ganzen Mayagebiet gespielt worden und muss somit einen sehr großen Stellenwert innerhalb der Kultur gehabt haben. Einige Archäologen glauben, dass es den Lauf der Sonne oder der Planeten symbolisieren sollte.

COPÁN

Treppe der Inschriften mit Stele im Vordergrund

ren Papageienköpfen an den Seiten des Spielfeldes einer der schönsten der Maya-Welt. Seine zentrale Lage inmitten des religiösen Zentrums zeugt von der religiösen Bedeutung und gesellschaftlichen Wertschätzung des ↗Ballspiels.

Die **Treppe der Inschriften,** bei der jeder Stein jeder Stufe als ↗Hieroglyphe ausgearbeitet wurde, ist mit 2200 Schriftzeichen der längste in Stein gehauene ↗Hieroglyphentext, der bislang entdeckt worden ist.

DIE HYROGLYPHENSCHRIFT

Die Hieroglyphenschrift

Die Schrift der Maya ist gegliedert in Silbenzeichen, die immer aus einem Konsonanten und mindestens einem Vokal bestehen. Es gibt 5 Vokale und 22 Konsonanten, also 110 Silbenzeichen. Da aber die meisten Silbenzeichen aus mehr als zwei Vokalen und Konsonanten zusammengesetzt sind, ist die Zahl der existierenden Silbenzeichen um ein Vielfaches höher, die Schrift insgesamt viel komplexer. Die Hieroglyphentexte sind meist in Doppelkolumnen geschrieben worden. Jeweils zwei zusammengehörende senkrechte Hieroglyphenreihen, von denen fortlaufend von oben nach unten zunächst die Hieroglyphe oben links gelesen wird, dann die rechts daneben, danach in der unteren Zeile wieder die linke und danach die rechte und so fort bis zur untersten Zeile.
Schreiber scheinen eine hohe gesellschaftliche Position innegehabt zu haben. Abgesehen von der Komplexität der Schrift war ihre Ausführung, sowohl der in Stein gehauenen als auch in den gefundenen Codexen, so kunstvoll, dass man davon ausgehen kann, dass die Hieroglyphenschrift ein höchst wichtiger Bestandteil der Kultur war. So sollten das Leben und die Herrschaft großer Könige und ihrer Familien für die Ewigkeit aufbereitet werden. Das Ch'ol war die Mayasprache der Inschriften.

Copán

Die Treppe, die einst zu einem Tempel hinaufführte, ist nicht begehbar, doch vom unteren Ansatz her kann man sie gut überblicken und die hervorragend ausgearbeitete Steinmetzkunst bewundern. Der Text beschreibt die Inthronisationen aller Herrscher vom Begründer Yax-Kuk-Moo bis zum 15. König – Rauch-Muschel, der sich selbst am unteren Ende der Treppe in Stein darstellen ließ. In der Mittelachse der Treppe sitzen in bestimmten Abständen seine fünf direkten Vorfahren auf ihren Thronen.

COPÁN

Altar Q ist ein weiteres beeindruckendes Kunstwerk Copáns. Es ist ein Thron, an dessen vier Seiten jeweils vier Personen in Stein gehauen worden sind – die 16 Herrscher seit Yax-Kuk-Moo. Der Altar wurde von Yax-Pac, dem Nachfolger Rauch-Muschels, in Auftrag gegeben. Wie schon die Treppe der 2200 Hieroglyphen zeigt auch dieses Monument die Berufung des derzeit regierenden Königs auf die Abstammungslinie des ersten Herrschers von Copán. Je länger und glorreicher die Geschichte der Dynastie, desto unangreifbarer war der jetzige König in seiner Macht.

Bei Forschungsgrabungen unter Tempel 16 ist eine sehr gut erhaltene Substruktur entdeckt worden, der so genannte **„Tempel Rosalila"**. Das Gebäude ist im Museum originalgetreu nachgebaut worden. Diese Rekonstruktion ist mit lebendigen Farben bemalt, so, wie sie einst den realen Tempel schmückten. Der Betrachter bekommt dadurch einen hervorragenden Eindruck von den Außenfassaden der Tempel zur damaligen Zeit.

Der Besuch des **neuen Museums** in der Nähe des Eingangs zur archäologischen Stätte ist für Mayainteressierte sehr empfehlenswert. Hier können viele Originalfunde bewundert werden! Das **alte Museum** Copáns befindet sich am Hauptplatz des Dorfes, das denselben Namen trägt wie die Ruinen. Zwar können in diesem Museum weitere Originalfunde besichtigt werden, doch die wichtigsten befinden sich bereits im neuen Museum.

> **Überbauungen**
> *Häufig wurden Gebäude aus verschiedenen Gründen überbaut. Anlass hierzu gaben bestimmte Abläufe von Zeitzyklen, der Tod eines Königs, die Inthronisation eines neuen Königs, ein gewonnener Krieg oder andere wichtige Ereignisse. Hierbei wurde über dem alten ein vollständig neues und entsprechend größeres Gebäude errichtet. Es gibt Beispiele von vielfachen Überbauungen im Laufe mehrerer Jahrhunderte. Die zu überbauenden Gebäude wurden rituell getötet - etwa durch das Abbrennen oder Zerkratzen einer Stele - und dann sorgfältig verfüllt, so dass sie meist ohne großen Schaden unter dem neuen Gebäude erhalten blieben.*

Tikal – die monumentalste Architektur der Maya-Welt

Einführung

In Tikal präsentiert sich die Maya-Architektur von ihrer gewaltigsten Seite. Steil ragen die vom dichten Regenwald eingerahmten Tempelpyramiden auf.

Im Umkreis von 16 Quadratkilometern des zeremoniellen Zentrums Tikals wurden über 3000 Strukturen gezählt! Damit galt Tikal lange als die größte Maya-Stätte überhaupt. Doch vor einigen Jahren hat man im Zuge eines archäologischen Projektes in Calakmul – etwa 120 km nördlich Tikals und damit schon auf mexikanischer Seite gelegen – um die 4000 Strukturen aufgenommen. Allerdings ist die Monumentalarchitektur Calakmuls in keiner Weise mit der Tikals zu vergleichen.

Highlights
- *Zentrale Plaza mit den Tempeln I und II*
- *Zentral- und Nord-Akropolis*
- *Tempel IV*
- *Zwillingspyramidenkomplexe*

Besichtigung

Tempel I

Der „Tempel des Großen Jaguars" ist mit seiner schlanken und steilen Bauart ein herausragendes und einzigartiges Beispiel der Maya-Architektur. Sein pyramidaler Unterbau besteht aus ↗neun gestaffelten Absätzen mit jeweils vor- und zurückspringenden Ecken und Kanten. Auf diesem pyramidalen Unterbau steht der Tempel, in dessen Inneren sich die Priester für die wichtigen religiösen Rituale vorbereiteten, um dann von hier oben – vor dem auf dem riesigen Platz erwartungsvoll wartenden Volk – die Götter zu beschwören.

Ungerade Anzahl

Die Maya haben bei ihren Bauwerken immer ungerade Zahlen benutzt. Sämtliche Pyramiden weisen eine ungerade Anzahl von Absätzen auf – es gibt Pyramiden, die nur aus einem, drei, fünf, sieben oder neun Absätzen bestehen. Nach demselben Prinzip besitzen die Paläste so gut wie immer eine ungerade Anzahl von Eingängen.

TIKAL

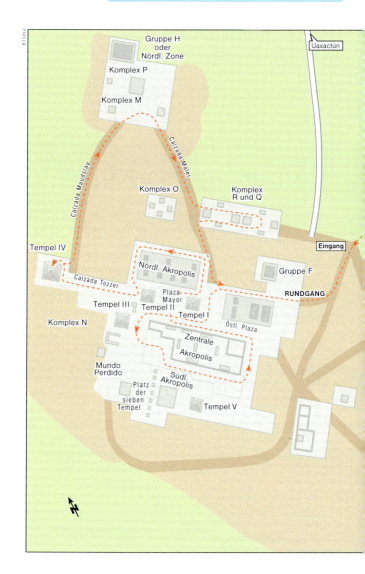

TIKAL

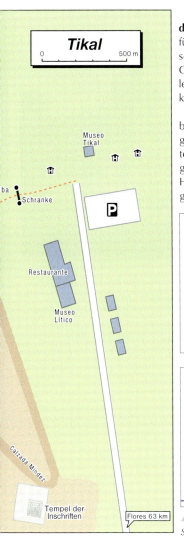

Für die **Tempelkonstruktionen der klassischen Periode** gilt ein für die gesamte Maya-Welt typisches Bauprinzip. Die heiligen Gebäude bestehen aus drei Teilen: Pyramide – Tempel – Dachkamm.

Auf dem pyramidalen Unterbau wurde der Tempel – das eigentliche Hochheiligtum – errichtet und auf dessen Dach der so genannte Dachkamm, der in die Höhe ragt, in Richtung Himmelsgewölbe, dem Sitz der Götter.

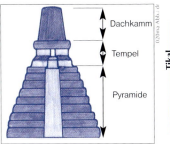

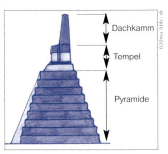

▲ *Tempelaufbau, Vorderansicht (oben), Seitenansicht (unten)*

Tikal

▶ *Tempel I, der „Tempel des Großen Jaguars"*

Die Tempel Tikals wurden mit einer ganz besonderen architektonischen Feinheit versehen. Die Maya Tikals ließen an beiden Außenseiten jeweils eine senkrechte Steinlage in der Tempelmauer aus. Diese **Einbuchtung** liegt nun im ewigen Schatten und erweckt im Spiel von Licht und Schatten den Eindruck, als wären es zwei schmale Gebäude anstatt ein breites. Auf dem hinteren Teil ragt zudem der Dachkamm in die Höhe, so dass die Konstruktion einen weitaus schlankeren und damit viel mehr in die Höhe weisenden Eindruck macht. In ihrem Drang, möglichst steil in Richtung Himmel zu weisen, ein perfektes architektonisches Stilmittel! Dieses Spiel mit Licht und Schatten kann man an allen Tempeln Tikals beobachten, aber an keinem Tempel irgendeiner anderen Maya-Stätte.

Das **Tempelinnere** besteht aus drei aufeinander folgenden Räumen, die alle in Form des so genannten ↗**Mayabogens** ausgeführt sind.

TIKAL

Unter dem Fußboden des hintersten der drei Räume ist das **Grab einer hohen Persönlichkeit** gefunden worden und unter der Pyramide entdeckte man bei der Anlage von Forschungstunneln eines der spektakulärsten Gräber Tikals: Das Skelett eines Mannes, das von 180 Jadestücken in Form von Halsketten, Ohrschmuck, Arm- und Fußbändern geschmückt war. Weiterhin Perlen, Muscheln, feinstens bemalte Keramik und Knochen mit eingeritzten Szenen und Hieroglyphen.

In der Klassik ist wahrscheinlich fast jede Tempelkonstruktion der heilige Überbau eines reich ausgestatteten Grabes einer hohen Persönlichkeit gewesen und birgt heute – wenn nicht bereits von Archäologen entdeckt oder von Grabräubern gestohlen – einen regelrechten Schatz!

Der **Dachkamm** war ursprünglich auf der Vorderseite mit einem schönen Steinrelief verziert, das einen auf einem Thron sitzenden Herrscher zeigt, der von Schlangen flankiert wird. Diese Szene ist heute fast nicht mehr zu erkennen. Stellt man sich die Tempelkonstruktionen ohne einen Dachkamm vor, wirkt das Gebäude sehr viel gedrungener, lange nicht so majestätisch in die Höhe weisend. Deshalb ist der Dachkamm ein sehr wichtiges architektonisches Element gewesen, um den steilen, in den Himmel ragenden Eindruck der Konstruktion zu erzeugen.

Tempel II

Gegenüber Tempel I steht Tempel II, der **„Tempel der Masken".** Er trägt diesen Namen, da seine monumentale Treppe von zwei riesigen Masken flankiert war und den Dachkamm ebenfalls eine monumentale Maske zierte. Der pyramidale Unterbau besteht aus drei Absätzen. Wie auch bei Tempel I besteht das Innere von Tempel II aus drei aufeinander folgenden Kraggewölben.

Der Mayabogen

Der Mayabogen

ist ein Kraggewölbe, das aus zwei parallelen Wänden besteht, dessen Mauersteine ab einer bestimmten Höhe beginnen hervorzukragen, bis das Gewölbe oben mit einer Steinlage zu schließen ist. Es gibt eine Vielzahl verschiedener Ausführungen des Mayabogens.

Das Kraggewölbe markiert wahrscheinlich den Beginn der Steinarchitektur im Mayagebiet, die zum Schutz von Gräbern hoher Persönlichkeiten entstand.

Im Vergleich zum Rundbogen, bei dem alle wirkenden Kräfte automatisch in den Erdboden abgeleitet werden, ist der Mayabogen ein sehr zerbrechliches System. Es hält eine maximale Spannweite von nur drei Metern aus. Bei Überschreitung dieser drei Meter würde er in sich zusammenstürzen. In der Periode des späten Puuc konnte diese Breite auf Grund verstärkter Verankerungen etwas erweitert werden.

Die ältesten Kraggewölbe wurden bei Gräbern in Tikal und Uaxactún gefunden. Die erste Datierung der Nutzung eines Kraggewölbes an einem Tempelgebäude geht auf das Ende des 4. Jahrhunderts zurück. Man nimmt an, dass der Übergang der Maya-Architektur von vergänglichen Materialien zur Steinarchitektur mit der Erfindung des Mayagewölbes ihren Anfang nahm.

Die Zweiteilung, die eine solche Gewölbekonstruktion automatisch hervorruft - eine untere vertikale Wandzone und eine nach innen abgeschrägte obere Wandzone - behielten die Maya auch für die Außenwände bei. Immer ist die obere Wandzone von der unteren abgesetzt, entweder durch das Vorkragen der oberen Zone vor die untere oder durch vielteilig gegliederte Horizontalgesimse an der oberen Zone. Je nach Region entstanden unterschiedliche architektonische Entwürfe und Darstellungen.

2 m

Da die Maya Räume nicht breiter als drei Meter konstruieren konnten, hatten sie keine Flexibilität bei der Gestal-

Der Mayabogen

tung von Innenräumen. Die kleinen Innenräume stehen grundsätzlich in krassem Gegensatz zu dem immensen Materialaufwand einer monumentalen Konstruktion. Waren die klassischen Maya nicht fähig, dieses architektonische System weiterzuentwickeln und konnten deshalb gar keinen Wert auf die Innenraumgestaltung legen oder befassten sie sich gar nicht erst mit einer Weiterentwicklung dieses Systems, da ihre Aufmerksamkeit von vornherein auf den monumentalen Konstruktionen, den großen Plätzen und der Fassadengestaltung lag? Als die Monumentalität in der End- und Postklassik an Popularität verlor und mehr Wert auf die horizontal ausgebildeten Palastbauten gelegt wurde, erweiterten die Maya ihre architektonischen Fähigkeiten um ein Vielfaches. So wurden in Chichén Itzá, Mayapán und auf der Insel Cozumel mit Hilfe von horizontalen Holzbalken ganz andere Innenraumbreiten erzielt.

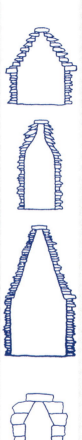

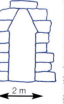

Tikal

TIKAL

Zentral- und Nord-Akropolis

Der zentrale Platz wird im Osten von Tempel I begrenzt und im Westen von Tempel II. Jeweils im Norden und Süden des Platzes befindet sich eine ↗Akropolis. Die Zentral-Akropolis ist ein riesiger Komplex, der durch das Zusammenspiel von so genannten ↗Palästen gebildet wird. Die Nord-Akropolis dagegen besteht aus einer Vielzahl von Tempelpyramiden, die auf einer riesigen Plattform konstruiert wurden.

Gehen Sie durch beide Akropolen und lassen Sie die unterschiedliche Architektur von Tempelpyramiden und Palästen auf sich wirken! Was war das

▲ Gangpalast (Grundriss)

▲ Kammerpalast (Grundriss)

Paläste

Im Gegensatz zu den Tempelpyramiden, die in die Höhe ragen, also einen vertikalen Zug aufweisen, haben Paläste eine horizontale Ausdehnung und besitzen meist mehrere Eingänge. Paläste bestehen aus einem oder mehreren Räumen mit Kraggewölben. Die Architektur der Paläste wird in zwei Gruppen unterteilt:

*Der **Gangpalast**: Ein Gangpalast ist ein einziges langes Gewölbe, eine Art Korridor, der mehrere Eingänge besitzt, die alle denselben Abstand von einem zum nächsten haben.*

*Der **Kammerpalast**: Zwei oder mehr Gewölberäume werden hintereinander angelegt, wobei der zweite und alle folgenden Räume vom davor liegenden erschlossen werden. Die heiligen Hochtempel auf den Pyramiden sind grundsätzlich in Form von Kammerpalästen aufgebaut (z. B. Tempel I und II von Tikal).*

Beide Formen können bis zu fünf Stockwerke hoch sein. Ein Palast kann für sich alleine stehen oder im Zusammenspiel mit anderen Palästen eine Akropolis bilden. Paläste wurden zu Wohn-, Administrations- oder Schulungszwecken genutzt.

TIKAL

> **Akropolen**
> Es gibt zwei verschiedene Arten von Akropolen:
> Die **Tempel-Akropolis** (z. B. die Nord-Akropolis von Tikal) besteht aus einer Gruppe von Tempeln, die auf einer gemeinsamen, erhöhten Plattform oder einem pyramidalen Unterbau konstruiert worden sind und häufig in Beziehung zueinander stehen.
> Eine **Palast-Akropolis** (z. B. die Zentral-Akropolis von Tikal) umfasst Kammer- und Gangpaläste, die auf einer erhöhten Plattform konstruiert wurden und sich im Normalfall um einen oder mehrere Höfe gruppieren. Eine Palastakropolis steht nie auf einem pyramidalen Unterbau! Der Haupterschließungsweg für das Gebäudeinnere der Paläste ist vom Innenhof aus. Selten sind sie von außen begehbar, nur an den Begrenzungsseiten der riesigen Plattformen gibt es Gebäude, deren Eingänge von außerhalb der Akropolis zu erreichen sind und durch die man in das Innere der Akropolis gelangt.

für ein Arbeitsaufwand, die nötigen Fundamente zu erstellen und darauf die heute sichtbaren Gebäude zu konstruieren, ganz zu schweigen von den darunter verborgenen Substrukturen, die über die Jahrhunderte konstruiert worden waren! Ein immenser Aufwand an menschlicher Arbeitskraft, künstlerischen Fähigkeiten und hochintelligenter sozialer Organisation.

Tempel IV

Sie werden in Tikal eine Vielzahl beeindruckender Tempelpyramiden entdecken. Fünf davon (I, II, III, IV und V) mit einer Höhe von über 40 Metern! Tempel II hat heute nur noch eine Höhe von 38 Metern, jedoch besitzt der Dachkamm nicht mehr seine ur-

TIKAL

▲ *Das Modell von Tikal lässt die gewaltigen Ausmaße der Anlage erahnen*

sprüngliche Höhe. Zur damaligen Zeit hatte er mit intaktem Dachkamm eine Höhe von etwa 42 Metern. Tempel IV ist mit 65 Metern der höchste Tempel Tikals und der gesamten klassischen Maya-Welt! Nur im heute noch unzugänglichen Norden des Peten, nahe der Grenze zu Mexiko, ist in der präklassischen Stätte „El Mirador" eine Struktur von 70 Metern Höhe erbaut worden.

Von der Tempelplattform hat man einen herrlichen Rundblick über den Regenwald. Wenn man den Tempel früh morgens vor dem Sonnenaufgang besteigt, dann bekommt man ein ganz besonderes Schauspiel geboten: Über dem Dschungeldach sieht man zunächst nur dicken Nebel um sich herum, doch nach einiger Zeit wird der sich verziehende Nebel langsam, aber sicher die in einiger Entfernung liegenden Dachkämme der Tempel I, II und III freigeben. Ein besonders mystischer Augenblick.

TIKAL

Zwillingspyramidenkomplexe

So genannte Zwillingspyramidenkomplexe sind nur in Tikal gefunden worden, ein spezielles architektonisches Merkmal dieser archäologischen Stätte. Auf einer Plattform wurden zwei identische Pyramiden errichtet, auf denen kein Gebäude erstellt wurde. Sie befinden sich jeweils im Osten und Westen der Plattform. Die im Osten stehende Pyramide hat grundsätzlich neun Stelen und Altäre vor ihrer Westtreppe. Im Zentrum des nördlichen Endes der Plattform befindet sich ein Hof mit einer Stele, die wiederum einen Hieroglyphentext besitzt, der über die Einweihung des Komplexes berichtet. Im südlichen Zentrum erhebt sich ein Gangpalast mit neun Eingängen. Diese Zwillingspyramidenkomplexe sind wahrscheinlich zum Ablauf eines bestimmten Zeitzyklus – dem so genannten 20-Jahres-Katun – erbaut worden. Der einzige Zwillingspyramidenkomplex außerhalb Tikals steht in Yaxhá.

Literaturtipp
Wer sich intensiver mit Tikal beschäftigen möchte, sollte sich das vor Ort erhältliche Buch „Tikal. Ein Handbuch zu den vorgeschichtlichen Ruinen der Maya" von William R. Coe kaufen.

TRIÁNGULO CULTURAL

„Triángulo Cultural" – Yaxhá, Nakum, Naranjo

Einführung

Das „Kulturelle Dreieck" ist das erste Projekt in der Maya-Forschung, das nicht nur eine Stätte oder gar nur ein Gebäude untersucht, sondern ein Gebiet von 1200 Quadratkilometern (!) mit drei großen Stätten (Yaxhá, Nakum und Naranjo) und dreizehn Unterzentren – die am dichtesten besiedelte Region der Mayaklassik.

Besichtigung

Highlights
- *Topoxté*
- *Tempel 216 von Yaxhá*
- *Nakum*
- *Naranjo*
- *Unterzentren*
- *Kontakt mit einem herausragenden deutschen Entwicklungs- und Forschungsprojekt*

1988 lud der damalige Leiter des Tikal-Projektes, Oscar Quintana, mehrere namhafte Wissenschaftler zu einer „mesa redonda" (runden Tisch) im guatemaltekischen Bundesstaat El Petén ein. Während dieser Beratungen erklärte sich der 1. Vorsitzende des Deutschen Archäologischen Institutes, Prof. Wolfgang W. Wurster, bereit, Gelder für die Gründung eines neuen Maya-Großprojektes bereitzustellen. Mit der Frankfurter Kreditanstalt für Wiederaufbau (KfW) fand er einen mustergültigen Partner, der die Gelder für die Anschaffung der technischen Ausrüstung bereitstellte. Damit trägt die KfW 50 % der anfallenden Kosten, die anderen 50 %, für Löhne der örtlichen Arbeiter, trägt das guatemaltekische IDAEH (Instituto de Anthropologia e Historia).

Der Name dieses beispielhaften multidisziplinären Projektes sollte „Triángulo Cultural" – „Kulturelles Dreieck" sein. Dieser Name wurde ausgewählt, da die drei großen Städte der Maya-Kultur Yaxhá, Nakum und Naranjo im dichten Regenwald des Petén ein geografisches Dreieck bilden. Die 13 Unterzentren befinden sich weit verstreut im Um-

Triángulo Cultural

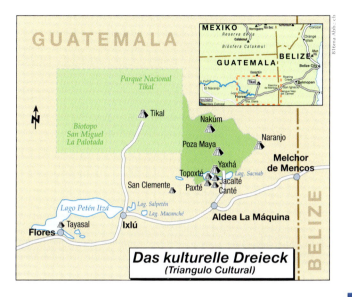

Das kulturelle Dreieck
(Tríangulo Cultural)

kreis der großen, die Region kontrollierenden Hauptstädte und waren Adelssitze und Verwaltungszentren mit kleinen untergeordneten zeremoniellen Anlagen.

Die wissenschaftlichen Mitarbeiter setzen sich aus Archäologen, Architekten, Restaurateuren, Forstwissenschaftlern, Biologen und über 200 Arbeitern zusammen. Die Arbeiten des Teams umfassen die Dokumentation des Siedlungs- und Baubestandes sowie denkmalpflegerische Maßnahmen wie Konsolidierung (Stabilisierungs- und Abstützarbeiten), Konservierung (Erhaltung, Sicherung der bestehenden Bausubstanz) und Rekonstruktion.

Die Kreditanstalt für Wiederaufbau, Professor Wurster sowie die vor Ort arbeitenden Ingenieure sind sich einig, dass das „Tríangulo Cultural" in naher Zukunft zum Nationalpark ernannt werden

Triángulo Cultural

▶ *Rekonstruktionszeichnung der Bebauung von Topoxté*

muss, in dem nicht nur die archäologischen Stätten geschützt werden sollen, sondern auch die Flora und Fauna des gefährdeten Regenwaldes. Um die Bewohner des Gebietes dafür zu interessieren, die Stätten und die Natur zu schützen, sollen sie die Möglichkeit bekommen, an einem noch zu entwickelnden, behutsamen ökologischen Tourismus Geld zu verdienen. So sollen einige Dorfmitglieder zu Führern ausgebildet werden und andere Essen und Trinken für die Touristen bereiten.

Wer die Fortschritte des Projektes verfolgen möchte, kann von Zeit zu Zeit unter www.yaxha.de nach neuen Ergebnissen schauen. Die Organisation günstiger Touren zu den Stätten ist in Planung. Ankündigung ebenfalls auf der Webseite.

Tayasal

Die postklassische Stätte Tayasal war 1697 die letzte Mayastadt, die von den Spaniern erobert und zerstört wurde. Sie stand auf einer Insel im See Petén-Itzá, auf welcher sich heute die Stadt Flores befindet. Flores ist für heutige Mayafreunde das Ausgangszentrum für Erkundungen der nahen Stätten.

Topoxté

Das erste Zentrum der Arbeiter und Ingenieure wurde 1989 an der Stätte Yaxhá errichtet, welche an den Ufern des gleichnamigen Sees liegt, etwa eine Autostunde östlich Tikals. Von hier aus wurde zunächst mit den Arbeiten auf einer der vier im See gelegenen Insel Topoxté (ausgesprochen Toposchtee) begonnen. Die Bauten auf Topoxté datieren auf die Postklassik – sämtliche anderen Stätten innerhalb des Gebietes auf die klassische Periode – und sind vollständig von den Itzá-Maya erbaut worden. Da Architektur der Postklassik im gesamten Petén nur sehr selten anzutreffen ist, hatten die Arbeiten auf Topoxté Vorrang. Hier befindet sich das einzige noch aufrecht stehende Gebäude der gesamten Postklassik in Petén.

Im Zuge der Arbeiten wurde die sich in bedenklichem Zustand befindliche Bausubstanz mehrerer

Triángulo Cultural

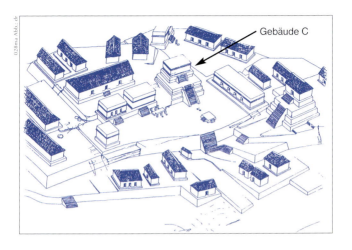

wichtiger Gebäude des Hauptplatzes konserviert. Der wichtigste Tempel, „Gebäude C", wurde im Baubestand gesichert und rekonstruiert. Später wurden die Arbeiten auf die Stätte Yaxhá ausgedehnt.

Yaxhá – Tempel 216

Der mit 30 m höchste Tempel der Stätte – Tempel 216 – wurde in den Jahren 1994 bis 1998 untersucht und rekonstruiert. Bei diesen Arbeiten wurden zum ersten Mal neue geotechnische Methoden für die **Rekonstruktion** eingesetzt: Die Absätze des pyramidalen Unterbaues wurden hier nicht aus zugehauenem Naturstein konstruiert, was sehr schwierig und zeitaufwändig ist und da-

 **Sonnenaufgang auf Tempel 216**

Am Ufer des Yaxhá-Sees – in unmittelbarer Nähe der Unterkünfte der Mitarbeiter – können Touristen gratis in Hängematten oder Zelten übernachten. (An Verpflegung denken!) Wer hier über Nacht bleibt, wird einen unvergesslichen Sonnenuntergang über dem Yaxhá-See genießen und am nächsten Morgen den größten Tempel Yaxhás – Tempel 216 – besteigen können, um dort auf den Sonnenaufgang zu warten. Im Vergleich zu Tempel IV von Tikal wird man hier allein sein und das Zusammenspiel von monumentaler Maya-Architektur und der Natur des Regenwaldes ungestört verfolgen können.

TRIÁNGULO CULTURAL

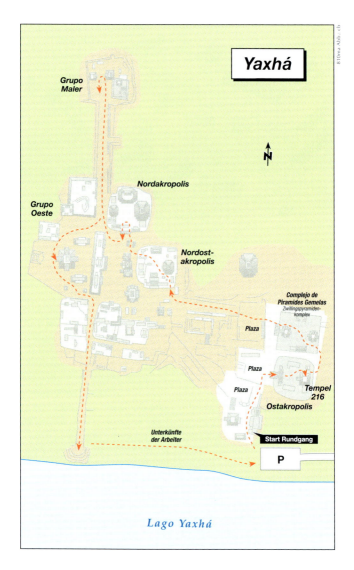

Triángulo Cultural

▶ *Sicherungs- und Rekonstruktionsarbeiten in Yaxhá*

mit sehr teuer, sondern aus vergänglichem Material. Lehmhaltige Erde wurde unter Zusatz von Stroh und Gras zu Absätzen gepresst, um die ursprünglichen Formen der Struktur wiederherzustellen.

Im weiteren Verlauf des Projektes sind viele Strukturen dieser riesigen Stätte untersucht, konserviert und teilweise restauriert worden. Durch die Befreiung der wichtigsten Gebäude, Plätze und heiligen Straßen (Sacbé, s. S. 128) vom dichten Baumbewuchs ist das Raumkonzept der Stadt wieder erkennbar geworden. Yaxhá ist heute nach Tikal die am häufigsten besuchte archäologische Stätte Guatemalas! Bislang gibt es keine öffentlichen **Verkehrsverbindungen** nach Yaxhá. Am besten, man verhandelt mit einem Taxifahrer über den Preis oder mietet sich ein Auto.

Wer bei seinem Rundgang durch die Stätte auf **Mitarbeiter des Projektes** trifft, sollte sie ruhig ansprechen, interessierte Fragen sind immer willkom-

Triángulo Cultural

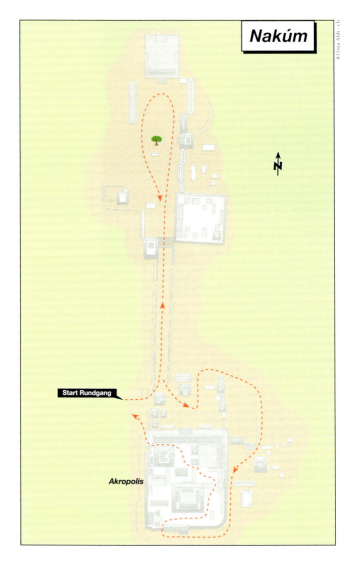

Triángulo Cultural

▶ *Tempel in Nakum*

men! Einige Mitarbeiter sprechen auch etwas Deutsch! Die Gründung einer Gruppe von Führern, die Informationen zur Stätte und zum Projekt vermitteln, ist geplant. Bitte nachfragen.

Nakum

Mittlerweile sind die Arbeiten auf die Stätte Nakum erweitert worden, wo zur Zeit ausgedehnte archäologische Untersuchungen und Analysen über die verschiedenen Bauabfolgen durchgeführt werden. Mehrere Strukturen sind bereits rekonstruiert worden, oder befinden sich im Zustand der Sicherung und/oder Rekonstruktion. In der riesigen Akropolis Nakums – im Vergleich zur Zentral-Akropolis Tikals, die sechs Höfe aufweist, hat die Akropolis in Nakum 11 Höfe, um die die wichtigen Gebäude gruppiert sind – ist Ende August 2002 eine sensationelle Entdeckung gemacht worden: Ein Gebäude scheint über und über mit Wandmalereien und Hieroglyphen versehen zu sein. Zurzeit laufen die Freilegungs- und Konservierungsarbeiten.

Triángulo Cultural

Unterzentren

Während in den drei großen Stätten Yaxhá, Nakum und Naranjo permanent gearbeitet oder die Stätten zumindest von Wächtern bewacht werden sollten, konnten in den 13 Unterzentren nur Notmaßnahmen durchgeführt werden, denn leider ist nicht genug Geld vorhanden, um in jeder archäologischen Stätte Wächter zu stationieren, geschweige denn permanent Arbeiten durchzuführen. Notmaßnahmen sind:

1) Das Fällen von großen, schweren Bäumen, die auf Gebäuden lasten und mit ihrem Gewicht die Standfestigkeit gefährden und zum Einsturz führen können.

2) Das Fällen von Bäumen, deren Wurzelwerk Mauern aufzusprengen droht.

3) Das Abstützen von Gebäuden oder Gebäudeteilen, die bereits drohen zusammenzustürzen.

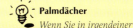

Palmdächer
Wenn Sie in irgendeiner archäologischen Stätte ein Palmdach entdecken, sollten Sie auf jeden Fall dorthin gehen, denn diese Dächer schützen etwas Wertvolles darunter vor dem Einfluss der Witterung.

4) Das Errichten von Palmdächern, die wertvolle Funde, wie monumentale Stuckmasken oder Stelen und Altäre, vor dem Einfluss der Witterung – Sonne und Regen – schützen sollen.

In der heutigen Zeit sind die Stätten vor allem auch vor illegalen Schatzsuchern, **Grabräubern** (siehe auch folgende Seite), zu schützen. Mit Ausnahme von Tikal, das schon 1975 mit Wächtern besetzt wurde, sind alle Stätten von Grabräubern heimgesucht und teilweise geradezu verwüstet worden. Authentische Maya-Kunstwerke erzielen auf den Schwarzmärkten der USA, Europas und Japans horrende Preise.

Grabräuber in Naranjo

Grabräuber in Naranjo – ein Bericht

Nach monatelangen Belästigungen und Morddrohungen gegen die Bewacher Naranjos mussten sie im Juli 1997 abgezogen werden, da die Lage zu bedenklich wurde. Zwei Wochen später sind wir mit Spezial-Militär und -Polizei bis an die Zähne bewaffnet in Richtung Naranjo gefahren. Quer auf dem schmalen Dschungelweg lagen zwei alte Baumriesen, die nicht durch Wind oder ähnliches umgefallen waren. Sie waren von Grabräubern gefällt worden, um eventuelle unliebsame Besucher aufzuhalten. Um den Weg wieder frei zu bekommen, mussten wir eine Motorsäge benutzen, die man natürlich meilenweit hört! Als wir in der Stätte ankamen, war denn auch niemand mehr zu sehen. Wir analysierten die Stätte und mussten feststellen, dass die Grabräuber innerhalb der letzten 14 Tage seit Aufgabe der Stätte 12 neue Raubgräben in verschiedene Gebäude getrieben hatten. Darunter zwei, die ich mit meinen 1,83 m aufrecht begehen konnte. Tunnel diesen Ausmaßes beschädigen die innere Standfestigkeit derart, dass das Gebäude innerhalb kurzer Zeit in sich zusammenfallen kann und damit für die Forschung, die Denkmalpflege und für die Nachwelt unwiederbringlich verloren wäre. Hier müssen die gesamten zwei Wochen zwischen 75 und 100 Grabräuber rund um die Uhr gearbeitet haben! Auf der höchsten Pyramide hatten sie einen Ausguck angelegt, von wo ein oder zwei Männer die Umgebung beobachteten. Nachdem wir die Raubgräben dokumentiert hatten, machten wir uns unverrichteter Dinge auf den Rückweg zu unserem Camp in Yaxhá. Da es während unserer Aktion zu keinem Aufeinandertreffen gekommen war, benachrichtigten wir das Forschungszentrum in Guatemala-Stadt nicht. Dort machte einige Tage später das Gerücht „Drei Tote in Naranjo" die Runde und alle machten sich natürlich Sorgen um uns. Was kann nur vorgefallen sein? Die Grabräuber werden ein bis zwei Tage nach unserem Besuch die Arbeit wieder aufgenommen haben. Wahr-

GRABRÄUBER IN NARANJO

scheinlich haben sie letztendlich ein wertvolles Grab gefunden und Probleme untereinander bekommen. Hierbei werden wohl drei der Grabräuber ihr Leben gelassen haben. Deshalb hier die Bitte: Wem authentische Kunstwerke angeboten werden, bitte nicht kaufen! Es klebt Blut daran! Auch Arbeiter und Wächter sind schon bei Überfällen ermordet worden. Tikal und auch Palenque sind bei helllichtem Tag von Grabräuberbanden überfallen worden, wobei wichtige Funde aus den Museen entwendet wurden.

Naranjo ist seit langem von den Grabräubern verlassen worden und erste Arbeitsgruppen kümmern sich um die Rettung dieser beeindruckenden Stätte. Seit einigen Monaten laufen die Säuberungsarbeiten, die Raubgräben werden vor ihrer Zuschüttung untersucht, so dass man hier unter Umständen auf bestimmte zeitliche Bauphasen der Gebäude schließen kann und der erste topografische Plan der Stätte wird noch 2002 fertig gestellt werden.

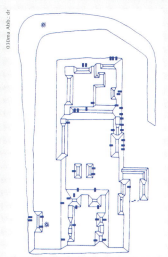

◀ Plan einer Stätte. Die dicken Striche markieren Raubgräben.

Yaxchilán

Einführung

An den Ufern des Usumacinta findet sich eine Vielzahl von Maya-Stätten. Sie werden von Archäologen allgemein dem Río Usumacinta zugeordnet. Die vier größten und **wichtigsten Städte** sind Piedras Negras, Dos Pilas, Bonampak und Yaxchilán.

Yaxchilán war einer der einflussreichsten klassischen Stadtstaaten der Nordwestregion, zu der auch Palenque gezählt wird.

Wer von Tikal aus in Richtung Palenque aufbricht, kann auf einer abenteuerlichen **Flussfahrt den Río Usumacinta hinab** die Grenze nach Mexiko überschreiten – oder entgegengesetzt. Auf dieser Tour kann man die Ruinen von Yaxchilán und Bonampak besuchen.

Im Vergleich zu anderen Stätten, in deren Umgebung schon vor der Jahrtausendwende kleine Ansiedlungen existierten, datiert das älteste gefundene Gebäude Yaxchiláns auf etwa 250 n. Chr.

Bis 600 n. Chr. stieg der Stadtstaat zu einem einflussreichen Machtzentrum auf. Die Maya-Kultur begann zu blühen.

Besichtigung

Highlights
- *Gran Plaza*
- *Große Akropolis und Kleine Akropolis*
- *Gebäude 33 von Yaxchilán*
- *Wandmalereien von Bonampak*

In Yaxchilán wurden 130 Gebäude gezählt, von denen der „Große Platz", die „Große Akropolis" und die „Kleine Akropolis" die interessantesten Komplexe sind, die sowohl Tempel- als auch Palastarchitektur aufweisen. Der **"Große Platz"** zieht sich im unteren Teil parallel zum Usumacinta hin. Von dort sind die übrigen Teile über Terrassen und Plattformen zu erreichen. Der bekannteste Tempel ist **Gebäude 33,** an dem man gut den typischen Aufbau eines Tempels erkennen kann.

Yaxchilán

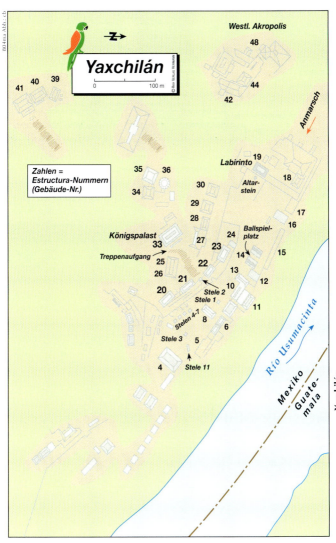

YAXCHILÁN

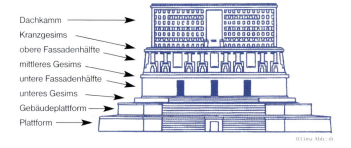

- Dachkamm
- Kranzgesims
- obere Fassadenhälfte
- mittleres Gesims
- untere Fassadenhälfte
- unteres Gesims
- Gebäudeplattform
- Plattform

▲ *Aufbau eines Tempels am Beispiel des Gebäudes 33*

Während in allen anderen Stätten der klassischen Periode die Tempel auf Pyramiden konstruiert wurden, nutzten die Maya Yaxchiláns **natürliche Erhebungen,** um darauf ihre Tempel zu erstellen. Hier gibt es keine Pyramiden! Auf den Tempeln ragen hohe Dachkämme mit Nischen und Dekorationen gen Himmel.

In keinem anderen Gebiet sind in den Tempelanlagen so viele ↗Dinteles – **reliefverzierte Türstürze** – gefunden worden wie im Gebiet des Usumacinta. Die in Yaxchilán gefundenen sind hervorragend ge-

▶ *Dinteles sind Türstürze an Tempeleingängen, die entweder aus kräftigem Tropenholz oder aus Stein angefertigt wurden. Sie zeigen skulptierte oder in Holz geschnitzte Szenen verschiedenster Thematik, hier ein Beispiel aus Yaxchilán*

Yaxchilán

arbeitete Flachreliefs, die wichtige Szenen des königlichen Lebens zeigen.

Die meisten zeigen Gefechte und/oder die glorreiche Gefangennahme von Gegnern. Nirgendwo anders im Mayagebiet wird so häufig auf kriegerische Auseinandersetzungen zwischen den Stadtstaaten eingegangen wie hier. Viele dieser Szenen tragen Daten, die sich auf die Zeit zwischen 750 und 800 n. Chr. beziehen, also einerseits auf die Zeit, in der sich die Maya-Kultur auf ihrem Höhepunkt befand und andererseits langsam, aber sicher begann, sich ihrem Untergang zu nähern. Das Auftreten so vieler kriegerischer Auseinandersetzungen lässt vermuten, dass Gefechte mittlerweile an der Tagesordnung waren. Krieg bringt Unsicherheit, Chaos und Zerstörung. Also ein weiterer Grund für den baldigen Untergang der Kultur? Die letzten Inschriften in diesen großen Städten datieren in Bonampak auf das Jahr 792 n. Chr., in Piedras Negras auf 795 n. Chr., in Palenque auf 799 n. Chr. und in Yaxchilán auf 808 n. Chr., also auf das Ende dieser großen, vom Krieg gekennzeichneten Zeit.

Anhand der 110 gefundenen Monumente – Stelen, Altäre, Dinteles, flankierte Treppen, einige Throne und eine anthropomorphe Skulptur –, die **Hieroglypheninschriften** enthielten, konnten die Gebäude zeitlich eindeutig zugeordnet werden und man weiß, welcher König zu welcher Zeit regierte. Zur Amtszeit des drittletzten Königs – Vogel-Jaguar IV (752–768 n. Chr.) – die im gesamten Mayagebiet die Zeit der großen Bauten war, erhielt Yaxchilán sein heutiges Aussehen. Während der Freilegung der kleinen Akropolis von Yaxchilán wurde auf der höchstgelegenen Stelle eine Vielzahl an **Waffenprojektilen** gefunden, als hätten sich die Bewohner Yaxchiláns während eines Überfalles hierhin zurückgezogen. Ob das in Zusammenhang steht mit der Aufgabe der Stätte, ist bislang nicht geklärt.

Bonampak

Einführung

Highlight
- *Wandmalereien in Struktur 1*

Nur 26 km von Yaxchilán entfernt trifft man auf die Stätte Bonampak. Sie wurde erst 1946 wieder entdeckt und Sylvanus Morley, der erste hier arbeitende Forscher, gab ihr den Namen. „Bonampak" ist Maya und bedeutet „bemalte Wände". Morley wählte diesen Namen zu Recht, denn an den Wänden der Struktur 1 des zeremoniellen Zentrums fand er Freskomalereien vor, die bis heute die künstlerischsten und detailliertesten der gesamten Maya-Welt sind. Keine anderen haben so viel Aufschluss über Leben und Kleidung der Maya gegeben!

Struktur 1

Das Gebäude besteht aus drei Räumen, dessen Wände vollständig von gemalten Szenen bedeckt sind – selbst alle Außenfassaden waren bemalt, jedoch ist hiervon so gut wie nichts mehr erhalten. Auch die Innenwände sind mittlerweile in sehr

▼ *Der König und seine Gefangenen*

schlechtem Zustand und große Teile konnten nur durch Infrarotstrahlung rekonstruiert werden.

Die Hauptszene in **Raum 1** zeigt eine Königsfamilie auf einem Thron sitzend. 14 hoch stehende Persönlichkeiten in weißen Gewändern machen der Familie ihre Aufwartung. Zu der Königsfamilie scheint ein kleines Kind zu gehören, das von einem Diener gehalten wird. Weitere Szenen zeigen Personen, die sich auf einen Tanz vorbereiten. In einer anderen Szene sieht man sie tanzend und man erkennt verschieden gekleidete Musiker, zu deren Klängen sich die Tänzer bewegen.

In **Raum 2** geht es um die Vorbereitungen zu einer Schlacht, die Schlacht selbst und die erniedrigende Behandlung der Gefangenen, die bei dem Kampf gemacht wurden. In **Raum 3** schicken sich sowohl Männer als auch Frauen an, sich selbst zur Ader zu lassen. Tanzende Männer durchstoßen mit einem Rochenstachel oder einer Obsidianklinge ihren Penis und sitzende Frauen ihre Zunge und ziehen ein mit Dornen besticktes Seil hindurch.

Auch auf einigen Türstürzen Yaxchiláns und Darstellungen in Palenque sind solche Szenen zu sehen. Es ist nicht bekannt, ob die an der Zeremonie beteiligten Personen vor der Zeremonie halluzinogene Stoffe einnahmen oder durch den Blutverlust in Verbindung mit den hohen Schmerzen in Trance fielen. Das Blut wurde in Opferschalen aufgefangen, wo es von Baumrindenstreifen aufgesogen wurde. Die Baumrindenstreifen wurden später verbrannt, so dass das Blut als Nahrung für die Götter gen Himmel aufsteigen konnte.

Im Zusammenhang mit diesen Zeremonien erscheinen häufig so genannte Visionsschlangen, aus deren Maul der Kopf eines Gottes oder Ahnen herausschaut. Die Feierlichkeiten stellten eine wichtige Form der Kontaktaufnahme mit den Göttern und Ahnen dar, bei denen jene um Rat gefragt wurden.

BONAMPAK

▲ *Visionsschlange*

In der Selbstkasteiungsszene, während der sich die Frauen dornenbewehrte Seile durch die Zunge ziehen, taucht wieder ein kleines Kind auf. Dasselbe Kind aus Raum 1? Dieses Kind hat zu vielerlei Interpretationen angeregt. Ist es die Inthronisation des Kindes oder ist die gesamte Komposition dieser Wandmalereien vielleicht die Selbstdarstellung des derzeitigen Herrschers? Die thematische Abfolge von Raum 2 zu Raum 3 – siegreiche Schlacht und folgende Zeremonie zur Kontaktaufnahme mit den befriedigten Göttern und Ahnen – scheint logisch. Unklar jedoch bleibt der Zusammenhang von Raum 1 und Raum 2. Vielleicht hatte man sich mit spirituellen Tänzen auf die Schlacht vorbereitet? Doch in welchem Zusammenhang steht die Aufwartung von 14 hohen Persönlichkeiten? War es wichtig, dass sie sich für die Schlacht bereit erklärten oder sollten sie gar die Krieger anführen? Vielleicht werden zukünftige Forschungen auf diese Fragen Antwort geben.

▶ *Kampfszene*

Palenque – die elegante Stätte der Klassik

Einführung

Die elegante Stätte der Klassik – auf einem Hochplateau am Rande des Regenwaldes gelegen – ist die eindrucksvollste Mayametropole Mexikos. Hier wird seit Jahrzehnten geforscht und immer wieder werden neue beeindruckende Entdeckungen gemacht. Die Geheimnisse der Maya-Kultur sind noch lange nicht aufgedeckt!

Besichtigung

Tempel der Inschriften

Der „Tempel der Inschriften" galt lange Zeit als einziger Tempel mit **innen liegender Treppe,** die zu einem Grab führt. 1949 entdeckte der mexikanische Archäologe Alberto Ruz diese Treppe. Sie führt vom Tempelfußboden hinab zum Grab von Pacal, des einflussreichsten Königs Palenques. Der Eingang zur Treppe war von einer Steinplatte bedeckt, die perfekt dem Fußboden angeglichen worden war. 1996 wurde im Süden Quintana Roos – in der Stätte Dzibanché – ein weiterer Tempel mit einer innen liegenden Treppe entdeckt. Da der Eingang genau wie in Palenque perfekt in den Tempelfußboden eingelassen und mit Stuck überzogen worden war, tauchte die Frage auf, wie viele solcher Tempel wohl noch existieren mögen, man habe sie vielleicht nur noch nicht entdeckt.

Die Treppe führt von der linken Innenseite des Tempels nach unten, zunächst bis zur rechten Außenfassade, um dann von dort hinabzuleiten zur Krypta des großen Königs. Die Treppe war von den Maya mit Schutt und Gestein aufgefüllt worden.

Highlights
- *Tempel der Inschriften*
- *Relieftafel des „Tempels der Inschriften" mit Pacal im Weltenbaum*
- *Komplex der Tempel der Kreuze*
- *Palast*

Palenque

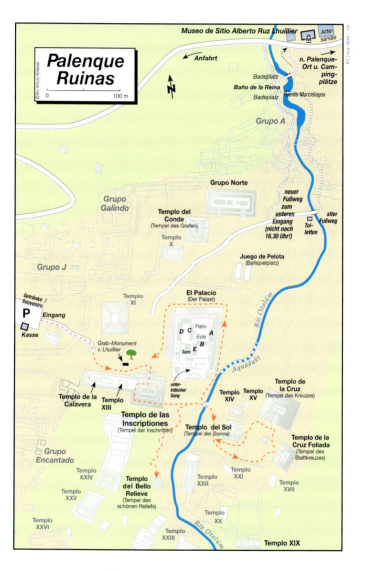

Palenque

▲ Palenque: Tempel der Inschriften und Palast

Nach ihrer Entdeckung dauerte es zwei Jahre, bis die Arbeiter sie endlich von allem Gestein gesäubert hatten und die Forscher bis zur Krypta gelangen konnten. Vor dem Grab Pacals lagen die Skelette von fünf Geopferten. Der Sarkophag selbst war von einer Grabplatte (s. Abbildung S. 86) bedeckt, die künstlerisch bearbeitet worden war. Das monolithische Steinmonument zeigt Pacal im so genannten **Weltenbaum,** einem überaus wichtigen Detail aus der Mythologie der Maya. Nach der Analyse einer Hieroglyphe, die in den Darstellungen des „Weltenbaumes" auftaucht, wurde er Wacah Chan, „Aufgerichteter Himmel" genannt. Er symbolisiert die Achse des Universums und stellt die Verbindung der diesseitigen Welt mit allen übernatürlichen Sphären dar. Sein Stamm steht in der Welt, seine Wurzeln reichen hinunter in die Unterwelt „Xibalba" und die Wipfel seiner Baumkrone durchziehen die 13 Schichten des Himmelsgewölbes. In der Mythologie der Maya war der Wacah Chan ein Kapokbaum (in Maya: Yaxché, yax = grün und ché =

PALENQUE

Grabstätten

Die Maya glaubten an ein Überleben der unsterblichen Seele, die hinüberwechselte ins Jenseits, nach Xibalba. Der König und hoch stehende Persönlichkeiten wurden grundsätzlich mit reichen Grabbeigaben bestattet. Sie wurden in ihre schönsten Gewänder gehüllt und damit sie auf ihrem Weg nach Xibalba nichts zu entbehren hatten, bekamen sie Esswaren und Getränke mitgegeben. In den Gräbern findet man im Allgemeinen wertvollen Schmuck in Form von Jade und Muscheln – Ohrschmuck, Armreifen, Amulette und Masken –, kunstvoll bemalte Keramik oder Knochen (auch mit eingeschnitzten Szenen). Je einflussreicher und wohlhabender die verstorbene Person war, desto reicher wurde das Grab ausgestattet. Auch Tote aus dem einfachen Volk wurden von ihren Verwandten so gut wie möglich für Xibalba gerüstet, doch während zu Ehren der Könige große Tempel über ihren Gräbern errichtet wurden, wurden Angehörige der unteren Schichten unter den Fußböden ihrer Häuser bestattet. Oft wurden Leichname verbrannt und ihre Asche in Urnen beigesetzt.

Baum, also der grüne Baum), der heilige Baum, der nie gefällt wurde. Wurde ein neues Feld bestellt und auf diesem Land befand sich ein Kapokbaum, so konnten alle anderen Bäume gefällt werden, doch der wurde verschont. Diese Sitte existiert noch heute.

Es gibt unterschiedliche Darstellungen des Wacah Chan. Jedoch ist seine Erscheinung immer mit den verschiedenen typischen Symbolen und mythologischen Zeichen aus der Vorstellungswelt der Maya versehen. Unter dem Stamm befindet sich grundsätzlich ein Zeichen für die Unterwelt. Dort entspringt der eigentliche Baum, der immer zwei Seitenar-

PALENQUE

me (Äste) besitzt, die aus symbolischen Schlangenkörpern bestehen. Am oberen Ende des Stammes sitzt der Himmelsvogel, der von oben herab die Geschehnisse auf der Erde beobachtet.

Im Grab Pacals wurden über 50 Keramikgegenstände gefunden, davon mehrere in Form von Tellern, die einmal Nahrungsmittel für Pacals Weg nach Xibalba enthielten. Weiterhin entdeckte man persönliche Dinge, wie Schmuck und Kleidung, und zwei Stuckköpfe, die wahrscheinlich Pacal selbst darstellen. Sein Skelett war bedeckt von einer Totenmaske aus ↗Jademosaiken, die ebenfalls seinem Gesicht nachempfunden worden war.

Jade

Jade war für die Maya von unschätzbarem Wert. Ihre meist grüne Farbe - es gibt auch gelbe und schwarze Jade im Mayagebiet - symbolisierte für die Maya die Farbe der Pflanzen und des sprießenden Maises, den Ursprung menschlichen Lebens. Aus ihr wurden Ritualobjekte hergestellt und Schmuckstücke jeder Art. Selbst Zähne wurden mit inkrustierter Jade verschönert. Der Besitz von Jadeschmuck zeugte vom Reichtum des jeweiligen Trägers. Nur die Adelsschicht konnte es sich leisten, Jadeschmuck zu tragen, im Leben wie im Tode.

So wurden Tempel erbaut

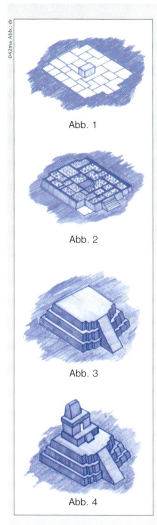

Abb. 1

Abb. 2

Abb. 3

Abb. 4

So wurden Tempel erbaut

Die Baumeister der alten Maya haben ihre Tempelpyramiden exakt geplant. Von vornherein wurde die Lage des Grabes festgelegt, welches grundsätzlich als erstes errichtet wurde. Erst danach wurde die Tempelpyramide - der heilige Überbau des Grabes - konstruiert. Der Grundriss enthielt die Lage von Innenwänden (Abb. 1). Innenwände waren nötig, um dem Gebäude innere Stabilität zu verleihen. Ohne sie wäre das aufgeschüttete Gestein, das mit Mörtel verdichtet und verfestigt wurde, nach den Außenseiten weggebrochen und hätte die Fassade aufgerissen. Die Mayapyramiden sind also nicht etwa hohl, wie von Touristen häufig angenommen wird, sondern vollständig massiv konstruiert.

Die Baumeister der Maya haben sich von Absatz zu Absatz in die Höhe gearbeitet. Über eine so genannte angeschobene Konstruktionstreppe, die später von einer Zeremonialtreppe überbaut wurde, gelangten die Bauarbeiter in die Höhe und konnten die jeweiligen Absätze mit Schutt und Gestein auffüllen (Abb. 2) bis der pyramidale Unterbau fertig gestellt werden konnte (Abb. 3). Auf der Pyramide wurde dann die Tempelplattform geschaffen, auf der der Tempel mit seinem Dachkamm errichtet wurde (Abb. 4).

PALENQUE

Die Tempel der Kreuze

Der „Tempel des Kreuzes" und der „Tempel des Blattkreuzes" bilden mit dem „Tempel der Sonne" einen Platz, von dem aus jeder der Tempel bestiegen werden kann. Vergleicht man hier die Architektur Tikals mit der Palenques, so erkennt man, dass die Tempelpyramiden lange nicht so steil gen Himmel aufragen, sondern ein größeres Fundament und damit einen breiteren pyramidalen Unterbau besitzen, der nicht diesen extremen vertikalen Zug hervorruft. Während die Dachkämme in Tikal massiv ausgeführt wurden, sind die Dachkämme in Palenque schmaler und in sich aufgebrochen. Die Tempelpyramiden mit den hervorragend entworfenen Strukturen der Dachkämme sehen eleganter aus, erreichen aber nicht die Monumentalität, die man in Tikal bewundern kann.

◀ Tempel des Kreuzes: Der Dachkamm ist in sich aufgebrochen

Palenque

In den Innenräumen der Tempel befinden sich kunstvoll gearbeitete Stucktafeln, die mythische Szenen aus dem Leben Chan-Bahlums, dem Sohn Pacals, zeigen. Wahrscheinlich geht es um seine Inthronisation. Von diesen Stucktafeln, in denen jeweils der Weltenbaum in Form eines Kreuzes auftaucht, stammen die ↗Namen der Tempel.

Die Namen der archäologischen Stätten und ihrer Gebäude haben nichts mit den Namen zur Zeit der alten Maya zu tun, sondern sind zumeist Namensgebungen der ersten Forscher, die sie so „getauft" haben. Sie rühren von bestimmten natürlichen oder architektonischen Eigenschaften her, die die Entdecker inspiriert haben.

Der Palast

Der so genannte Palast Palenques besteht wie die Zentral-Akropolis Tikals aus einem Komplex palastähnlicher Strukturen. In diesem Fall befindet sich der „Palast" mitten im Zentrum der religiösen Stätte und war einst der **Wohnkomplex** des Königs und seiner Familie. Ein nahe gelegener Fluss wurde kanalisiert und so umgeleitet,

Palenque

dass er durch das zeremonielle Zentrum floss. Er führte entlang des Palastes und diente somit als einfache und schnelle Wasserversorgung für die hier lebende Königsfamilie.

Im Zentrum des Palastes sieht man einen Turm in die Höhe ragen. Dieser Turm war ein **Observatorium,** von dem aus die Vorgänge im Universum beobachtet wurden. Es wurden die Einfallswinkel der Sonne gemessen und die Umlaufbahnen der Planeten um die Sonne beobachtet. Anscheinend standen bestimmte Stationen der Zyklen von Venus, Saturn und Jupiter im Zusammenhang mit kriegerischen Auseinandersetzungen, religiösen Zeremonien und Inthronisationen. In verschiedenen Stätten sind Berichte über solche Geschehnisse entdeckt worden, die zeitlich mit den stationären Punkten von Jupiter oder Saturn überein trafen oder mit dem Aufgang der Venus als Morgen- oder Abendstern zusammenfallen. Nehmen Sie sich etwas Zeit für die Erkundung diese Bauwerks! Es gibt vier Patios, verschiedene Korridore und sogar unterirdische Gänge zu entdecken und an vielen Pfeilern werden Sie weitere Stucktafeln und Reliefplatten bewundern können.

▲ *Der Palast im Detail ...*

◀ *und in seiner gesamten Größe*

©RKH VERLAG HERMANN
Edzná
0
ca. 100 m
Chultún
Plattform der Messer
Zum Besucher-zentrum
Nohochná
Hauptplatz
Endifico de los Cinos Piscos
(Fünfstöckiges Gebäude)
Ballspielplatz
Casa de la Luna
(Haus des Mondes)
Südtempel
Große Akropolis
Struktur 419-2
Strukur 418
Strukur 419-3
Templo de los Mascarones Strukur 414
(Tempel der Steinmasken)
Kleine Akropolis
N

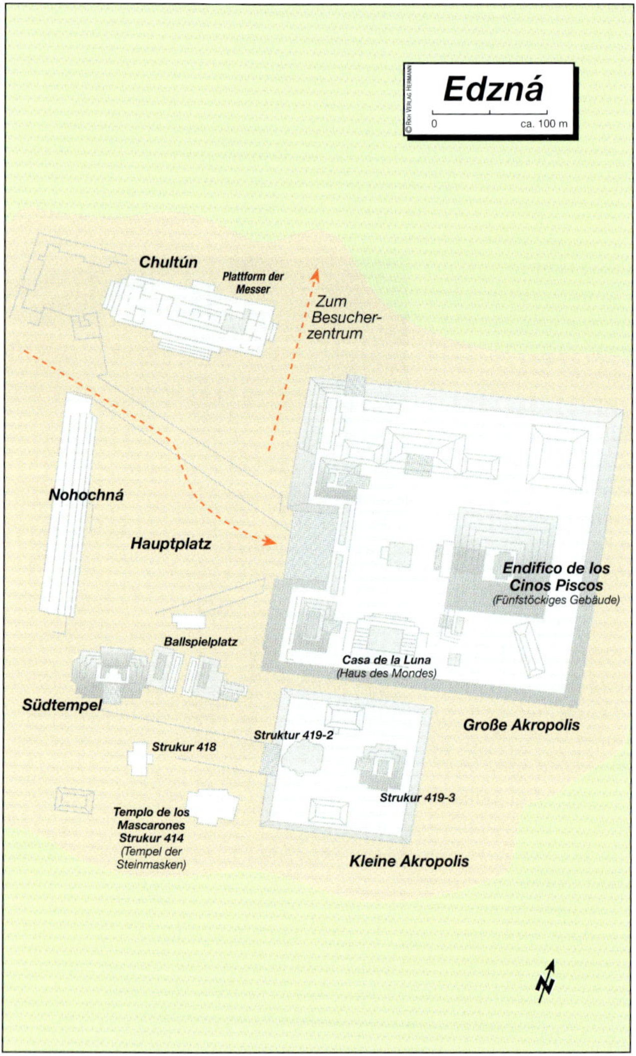

EDZNÁ

Edzná – kosmische Achsen in Monumentalarchitektur

Einführung

Die ersten Gebäude Edznás wurden im Stile Tikals errichtet. Ab etwa 600 n. Chr. begann man, diese Strukturen im Chenes- und Puuc-Stil zu überbauen. Es muss sich ein Wandel im politischen Einfluss vollzogen haben, der gleichzeitig eine Veränderung der Bauweise bewirkte. Wahrscheinlich im Zuge des Unterganges von Tikal, das Ende des 6. Jh. von Caracol (im Osten Tikals gelegen) und Calakmul (im Norden Tikals) besiegt worden war. Ab etwa 850 n. Chr. erkennt man erneut einen Wandel in der Architektur. Ab jetzt drücken die Maya-Chontal, die derselben Familie der Itzaes von Chichén Itzá entstammen, der Stätte ihren Stempel auf.

Besichtigung

Das „fünfstöckige Gebäude"

Dieses Bauwerk gehört zu den beeindruckendsten Strukturen der Maya-Welt. Die unteren vier Stockwerke bestehen aus Palästen, deren Breitenausdehnungen nach oben hin abnehmen. Das fünfte Stockwerk bildet ein Tempel mit Dachkamm. An Stelle einer Pyramide bilden hier aufeinander gesetzte Paläste den Unterbau des Tempels. Die einzelnen Stockwerke werden durch die nach oben führende zentrale Treppe in eine linke und eine rechte Hälfte getrennt.

Highlights
- *Das „fünfstöckige Gebäude"*
- *Architektonische Achsen, die mit dem Lauf der Sonne in Verbindung stehen*
- *Das hydraulische System*

Architektonische Achsen

Der Mittelpunkt des „fünfstöckigen Gebäudes" bildet mit dem Eingang zum Hauptplatz der „Großen Akropolis", dem Mittelpunkt der Struktur „Nohoch-

EDZNÁ

Das „fünfstöckige Gebäude"

ná" und dem Mittelpunkt der Struktur 501 eine imaginäre Achse. Jeden 13. August zum Sonnenuntergang fallen die Sonnenstrahlen exakt über diese Linie. Das ist kein Zufall, denn der 13. August 3114 v. Chr. war für die Maya der **Tag der Schöpfung.**

In der Maya-Architektur gibt es eine Vielzahl solcher Anordnungen von Gebäuden, die im Zusammenspiel mit verschiedenen Sonneneinfallswinkeln exakt aufeinander abgestimmt sind. Ein Zeichen dafür, dass die Maya fähig waren, genaue Daten aus ihren Himmelsbeobachtungen zu ziehen und anhand dieser Daten in Beziehung zueinander stehende Gebäude zu konstruieren, die mit verschiedenen Abläufen im ↗Universum übereinstimmen.

EDZNÁ

Das Maya-Universum

Die Maya haben sich in ihren Vorstellungen des Universums und der Religion grundsätzlich an der Natur orientiert. So assoziierten sie mit jeder Himmelsrichtung jeweils eine bestimmte Gottheit, einen Baum, einen Vogel und eine Farbe. Der Osten war die wichtigste Weltgegend und hatte die Farbe rot: Hier ging die Sonne auf - häufig als roter Ball neu geboren - und schenkte den Maya das Licht des Tages. Der Norden wurde mit weiß und der Süden mit gelb assoziiert, Farben, die die Helligkeit des Tages symbolisieren und dann der Westen mit der Farbe schwarz. Hier verschwand die Sonne und hinterließ die Maya in Dunkelheit.

Rote Farbe
Die rote Farbe des Ostens ist ebenfalls die Farbe des menschlichen Blutes, der Hauptnahrung der Götter und somit die wichtigste Zeremonialfarbe. Es wird angenommen, dass die heiligen Tempelpyramiden einmal vollkommen mit roter Farbe bedeckt waren.

Wohnkomplexe der Maya, die aus drei Strukturen bestanden, rechtwinklig zueinander konstruiert wurden und zusammen einen gemeinsamen Platz bildeten, waren häufig in Richtung Osten geöffnet zur aufgehenden, Licht schenkenden Sonne, manchmal nach Norden oder Süden und so gut wie nie in Richtung Westen zur untergehenden Sonne.

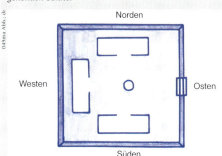

◀ *Wohnkomplex, Draufsicht*

DER MAYA-KALENDER

Der Maya-Kalender

So wie wir heute nach dem gregorianischen Kalender leben, entwickelten die Maya Methoden, um das Phänomen „Zeit" zu erfassen und zu protokollieren. Genau wie wir benutzten sie für die einzelnen Tage verschiedene Namen und hatten damit die Möglichkeit, einen Zusammenhang zwischen bestimmten Tagen und den an ihnen auftretenden Ereignissen herzustellen.

Wir zählen unter Zuhilfenahme der Finger und benutzen ein auf der Zehn basierendes Zahlensystem (Dezimalsystem). Die Maya, die Hände und Füße benutzten, nahmen ein Zwanziger-System zur Grundlage (Vigesimalsystem). Beide Systeme funktionieren nach demselben Prinzip: Während wir die geschichtliche Zeit in Jahrzehnte, Jahrhunderte und Jahrtausende gliedern, unterteilten die Maya sie in so genannte katúnes, Zyklen von je zwanzig Jahren, und baktúnes von je vierhundert Jahren (20 x 20). Der endlose Ablauf der Tage wurde in Gruppen immer wiederkehrender Zyklen untergliedert, deren Dimensionen vom Überschaubaren bis zur Unendlichkeit reichten. Die Charakterisierung eines bestimmten Tages war die Gesamtheit seiner Positionen innerhalb der diversen Kalenderzyklen.

Von diesen war der so genannte „Tzolkin", ein 260-Tage-Zyklus, der wichtigste. Er setzt sich aus der Kombination von 13 Zahlen und 20 Namen zusammen. Ein Beispiel dafür anhand des deutschen Alphabetes: 1A, 2B, 3C, 4D, 5E, 6F, 7G, 8H, 9I, 10J, 11K, 12L, 13M. Nun sind dreizehn Zahlen verbraucht, man beginnt also mit der 1 von neuem, hat aber immer noch neue Namen (hier Buchstaben) zur Verfügung: 1N, 2O, 3P, 4Q, 5R, 6S, 7T. Jetzt sind

Imix, Ik, Akbal, Kan, Chiccan
Cimi, Manik, Lamat, Muluc, Oc
Chuen, Eb, Ben, Ix, Men
Cib, Caban, Etzn'ab, Cauac, Ahau

◀ *Die 20 Namen der Tage im Tzolkin*

Der Maya-Kalender

alle zwanzig Namen benutzt worden, also beginnen wir wieder mit A, zählen die Zahlen aber weiter: 8A, 9B, 10C, ... Nach 260 Schritten ist man wieder bei 1A angelangt, so wie bei uns nach sieben Tagen wieder der Montag auf den Sonntag folgt. Ein zweiter, bei den alten Maya gebräuchlicher Kalender zählte 365 Tage, unterteilt in 18 Monate von je 20 Tagen und einem Kurzmonat von 5 Tagen. Das 365-Tage-Jahr hieß „Haab" und beruht auf der Beobachtung des Sonnenjahres. Doch genau wie die anderen Kalender zählte und benannte jeder Haab-Zyklus die vollen Tage weiter und weiter, ohne dass je ein Ausgleich für den im exakt berechneten Sonnenjahr enthaltenen Vierteltag gemacht wurde. Während wir den überschüssigen Vierteltag alle vier Jahre zu einem ganzen Tag summieren und im Schaltjahr unterbringen, zählten die Maya ruhig weiter, ignorierten das übrig gebliebene Viertel. Sie wichen in ihrer Zählung niemals von der Abfolge ganzer Tage ab.

Wie die Monate in unserem Kalender hatte jeder Monat des „Haab" einen individuellen Namen. Die einzelnen Tage jeden Monats wurden gezählt: So hieß der erste Tag des ersten Monats „1 Pop", der zweite Tag „2 Pop" und so fort. Nach 52 Haab-Jahren bzw. 73 Tzolkin-Jahren sind alle Kombinationsmöglichkeiten beider Kalender verbraucht. Die Anfangstage beider Kalenderjahre decken sich und die Zählung beginnt von vorn. Der 52-Jahre-Rythmus - oder 7200 Tage - wird im Zeitmessungssytem der Maya „Kalenderrunde" genannt.

Darüber hinaus wurde jeder einzelne Kalendertag von einem der neun „Herren der Nacht" regiert, die einander in endloser, ewig gleich bleibender Folge ablösten. Außerdem registrierten die Maya für jeden Tag den Stand des Mondwechsels sowie seine Stellung im Venus-

▶ Die 19 Monatsnamen des Haab

Pop Uo Zip Zotz' Zec
Xul Yaxkin Mol Ch'en Yax
Zac Ceh Mac Kankin Muan
Pax Kayab Cumku Uayeb

DER MAYA-KALENDER

jahr und anderen Planetenjahren. Das Zusammenspiel dieser vielfältigen kalendarischen Informationen verlieh jedem Tag seine eigene persönliche Identität, die in der ewigen Zählung der Zeit unverkennbar bleiben sollte.

Zu alldem zählten Maya die Tage im Rahmen dieser umfassenden Langzeitrechnung in absoluter Zählung von einem kalendarischen Nullpunkt an (wie wir von Christi Geburt an), den sie mit der Entstehung des gegenwärtigen Weltalls identifizierten. Für diesen Kalender benutzt man den Namen „lange Zählung". Die Zählgrundlage begann mit einem Tag = 1 kin, 20 Tage bilden einen Monat = 1 uinic (Ein uinic oder Monat hat 20 Tage. Uinic bedeutet „Mensch" und wird in diesem Sinn benutzt, da der Mensch insgesamt 20 Finger und Zehen besitzt). 18 Monate waren ein Jahr = 1 tun, 20 tun = 1 katún (20 Jahre), 20 katún = 1 baktún (400 Jahre), 20 baktún = 1 biktún = 1 calabtún (160.000 Jahre) - und so weiter bis unendlich mal mit 20 multipliziert.

Während wir mit unserem Dezimalsystem zehn Ziffern zur Notierung von Zahlenwerten benutzen, kamen die Maya mit nur drei Zeichen aus: Ein Punkt für die Eins, ein Strich für die 5 und ein Zeichen für die Null. Die Maya haben Datumsangaben in vertikalen Zeilen mit nach unten abnehmendem Stellenwert gelesen (siehe Abbildung links).

In unserem Schriftsystem geben wir die Datumsangaben in horizontalen Zeilen, mit von links nach rechts zunehmendem Stellenwert wieder. Das Nulldatum des Maya-Kalenders deckt sich mit dem Tag 13.0.0.0.0 der Langzeitrechnung und Tag 4 Ahau 8 Cumku in der Kalenderrunde und galt als Tag, an dem der neunte Herr der Nacht regierte. Mit der Fixierung des Nulldatums im Schnittpunkt dieser drei Koordinaten war der Maya-Kalender präzise festgelegt. Alle Zyklen rücken seit jenem Zeitpunkt Tag für Tag um eine Position weiter. Nach dem gregorianischen Kalender ist das Nulldatum identisch mit dem 13. August 3114 v. Chr. Die dreizehnte 400-Jahresperiode des Maya-Kalenders wird am

4	••••	katún 7200 Tage
17	•• / ▬▬▬	tun 360 Tage
6	•	uinal 20 Tage
0	🝠	kin 1 Tag

▲ *Beispiel für die Schreibweise des Tages 35040 = (4 x 7200) + (17 x 360) + (6 x 20) + (0 x 1)*

DER MAYA-KALENDER

23. Dezember 2012 zu Ende gehen. Dann kehrt das Datum 13.0.0.0.0 der langen Zählung wieder.

Anlass zu Festen, die in allen Maya-Gemeinden gefeiert wurden, lieferten die kalendarischen Besonderheiten, wie das Ende der 5-Jahres-Periode, das Ende der 20-Jahres-Periode, der Beginn des neuen Jahres, der Beginn der Regenperiode und herausragende Stadien des Sonnenjahres, wie das Durchqueren des Zenits. Dazu kamen Feste, zu denen die Lokalgeschichte

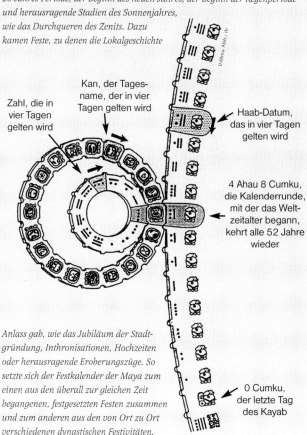

Zahl, die in vier Tagen gelten wird

Kan, der Tagesname, der in vier Tagen gelten wird

Haab-Datum, das in vier Tagen gelten wird

4 Ahau 8 Cumku, die Kalenderrunde, mit der das Weltzeitalter begann, kehrt alle 52 Jahre wieder

0 Cumku, der letzte Tag des Kayab

Anlass gab, wie das Jubiläum der Stadtgründung, Inthronisationen, Hochzeiten oder herausragende Eroberungszüge. So setzte sich der Festkalender der Maya zum einen aus den überall zur gleichen Zeit begangenen, festgesetzten Festen zusammen und zum anderen aus den von Ort zu Ort verschiedenen dynastischen Festivitäten.

EDZNÁ

▶ *Ein chultún ist ein riesiges, unterirdisch angelegtes Wasserreservoir, das mit Mörtelmauerwerk ausgemauert wurde und das bis zu 30.000 Liter Wasser fassen konnte. Der Hohlraum hat nur eine kleine Öffnung, die mit einer Steinplatte geschlossen wurde, so dass keine Luft an das stehende Wasser gelangen und das Wasser somit nicht faulen konnte. Die Flächen um den „chultún" herum wurden mit einem gewissen Gefälle konstruiert, so dass Regenwasser automatisch in die Zisterne floss. Ein chultún erleichterte besonders in wasser- und regenarmen Regionen die schwierige Wasserversorgung.*

Das hydraulische System

Auf der Yucatán-Halbinsel findet man wenig Flüsse und über acht Monate im Jahr gibt es nur geringe Niederschläge. Also mussten die Maya Systeme zur Wasserleitung und -speicherung entwickeln, die es ihnen ermöglichten, das ganze Jahr über Zugang zu Wasser zu haben. Mayastädte, die nicht direkt an einem Fluss oder See gelegen sind, weisen auf den großen Plätzen häufig Gefälle auf, mit deren Hilfe das Regenwasser in Richtung eines Wasserreservoirs geleitet wurde. Eine von den Maya künstlich angelegte Zisterne wird ↗chultún genannt.

Die Bewohner Edznás konstruierten ein geniales hydraulisches System, das es ihnen ermöglichte, Regenwasser zur Bewässerung von Ackerflächen zu nutzen und für trockene Zeiten zu speichern. Das System bestand aus 13 Hauptkanälen mehrerer Kilometer Länge, 31 untergeordneten Zuleitkanälen, 84 Reservoirs und schließlich aus den mit Gefälle angelegten Plätzen, von wo das Regenwasser zu den Kanälen geführt wurde.

Die Puuc-Region – Überleben des kulturellen Kollapses

Einführung

Während im südlichen Tiefland sämtliche Stadtstaaten bis 909 n. Chr. aufgegeben worden waren, existierten die Stadtstaaten der Puuc-Region weiter. Es kam hier sogar zu starken Zuwanderungen, die wiederum verstärkte Bauaktivitäten nach sich zogen. Zu Beginn des 10. Jahrhunderts florierte die Puuc-Region und Uxmal erreichte eine Vormachtstellung im gesamten Gebiet. In dieser Zeit kam es zu einem architektonischen Umbruch, weg von den monumentalen Tempelpyramiden hin zu palastartigen Gebäuden.

Die Puuc-Region mit ihrem einzigartigen architektonischen Stil besteht aus einer Vielzahl von archäologischen Stätten. Sie war eine der am dichtesten besiedelten Gebiete in der Spät- und Postklassik. Die so genannte „Ruta Puuc" (Puuc-Route) führt entlang einiger dieser Stätten, die somit einfach zu besuchen sind. Auf Grund ihrer eindrucksvollen Architektur besonders zu empfehlen: Uxmal, Kabah, Labná und Sayil. Eine Führung durch die Grotte von Loltun bringt Sie zurück in die Zeit der ersten Bewohner auf der Yucatán-Halbinsel. Die ersten Siedler hatten dieses Höhlensystem zu ihrer Wohnstatt gemacht.

Die Puuc-Architektur

Bei Vergleichen mit der Architektur Tikals, Palenques und anderer klassischer Stätten fällt auf, dass das Stadtbild Uxmals nicht mehr von vielen Tempelpyramiden geprägt wird. Der „Tempel des Wahrsagers" ist der einzige monumentale Bau dieser Art,

---

Highlights der Region
- *Ruta Puuc*
- *La Gruta de Loltun (Höhlen)*

Highlights in Uxmal
- *Tempel des Wahrsagers*
- *Nonnenviereck*
- *Gouverneurspalast*

Highlights in Kabah
- *Codz Poop*

Puuc-Region

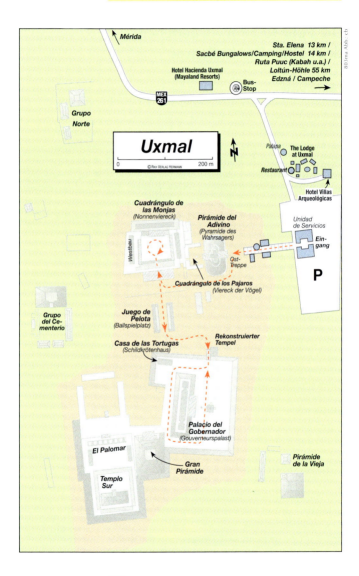

Puuc-Region

▲ *Uxmal, Tempel des Wahrsagers*

der gleich vom Eingang aus ins Auge sticht. Ansonsten trifft man auf eine Vielzahl palastähnlicher Gebäude. Während die Tempelpyramiden im Zeichen der Gottesverehrung standen, dienten die Paläste zu Wohn- oder Administrationszwecken. Ein Zeichen für einen kulturellen Wandel?

Während bei den Tempelpyramiden anderer Städte die typische Dreiteilung Pyramide – Tempel – Dachkamm eindeutig zu erkennen ist, verschwimmt diese Ansicht beim **Tempel des Wahrsagers.** Es sind zwei(!) Tempel erkennbar, von denen der untere, von der Osttreppe zu erreichende Tempel im Chenes-Stil gehalten ist und der obere, von der Westtreppe zu besteigende, wird dem Stil der klassischen Puuc-Architektur zugeordnet. Der Grundriss der Tempelpyramide weist eine sehr seltene ovale Form auf. In der Puuc-Region erkennt man heute hauptsächlich zwei Architekturformen:

PUUC-REGION

▶ *Der "Gouverneurspalast" im klassischen Puuc-Stil*

Bis etwa 770 n. Chr. wurde im **"frühen Puuc-Stil"**, konstruiert, bei dem an Stelle der großen Steinquader ein kräftiges Kernmauerwerk erstellt wurde. Dieses Kernmauerwerk wurde dann mit perfekt zugehauenen dünnen Steinplatten verblendet. Grobe Wandflächen, Gewölbe und Dachkämme wurden mit dicken Stuckschichten überzogen.

Ab 770 n. Chr. wurden im **"klassischen Puuc-Stil"** überall Säulen und grandiose Mosaikfassaden in die Architektur integriert. Die unteren Fassaden bleiben glatt und unverziert, während der obere Fassadenteil mit ausgearbeiteten geometrischen Mosaiken dekoriert wurde. Darunter finden sich große Masken über den Türen und an den Gebäudeecken.

Zum "klassischen Puuc-Stil" gehören auch die zwei eindrucksvollen Gebäudekomplexe des "Nonnenvierecks" und des "Gouvernurspalastes". In beiden Fällen werden die unteren Fassadenhälften glatt gelassen ohne jede Verzierung. Dagegen werden die oberen Fassadenhälften übermäßig mit Ornamentik versehen, deren mystische Bedeutungen noch heute weitgehend unbekannt sind. Diese Eigenart der glatten unteren Fassaden und verschnörkelten oberen Fassadenhälften zieht sich wie ein roter Faden durch die Architektur der Puuc-Region.

PUUC-REGION

Eine große Ausnahme bildet das Gebäude „Codz-Poop" in Kabah, nur fünf Autominuten von Uxmal entfernt. Dort ist sowohl die obere als auch die untere Fassadenhälfte mit Masken des ↗Regengottes Chac übersät. Eine Maske neben der anderen ragt aus der Fassade hervor.

▲ *Chac-Maske am Codz-Poop*

Natürlich war Chac nicht der einzige Gott. Das Himmelsgewölbe war dem Glauben der Maya zufolge von vielen Gottheiten (siehe Exkurs) bewohnt, die die täglichen Belange der Indianer positiv oder negativ beeinflussen konnten.

Der Regengott Chac

Die symbolischen Abbildungen Chacs sind im gesamten Mayagebiet ähnlich. Immer besitzt er zwei runde Augen, eine riesige Rüsselnase, einen aufgerissenen Mund mit großen Zähnen und verzierte quadratische Ohren. Nicht zufällig wird ein ganzes Gebäude dem Regengott gewidmet und mit so vielen Masken versehen. Schließlich gibt es auf der Yucatán-Halbinsel und insbesondere in der Puuc-Region wenige Flüsse und fünf Monate im Jahr weisen fast keine Niederschläge auf. Die riesige Rüsselnase in den Darstellungen Chacs verwundert jeden Betrachter. Warum haben die Maya sich ihren Regengott mit solch einem Rüssel vorgestellt? Es ist bewiesen, dass im Mayagebiet bis mindestens 9000 v. Chr. das Mammut existiert hat. Das Mammut hatte einen riesigen Rüssel, in dem es Wasser aufbewahrte! Haben Legenden und Mythen, die von Generation zu Generation weitergegeben wurden, die Maya im Endeffekt dazu inspiriert, ihrem Regengott solch eine Nase zu verleihen?

GÖTTER DER MAYA

Götter der Maya

Wie alle Naturvölker glaubten auch die Maya an übernatürliche Kräfte, die in einem komplizierten Götterhimmel mit zahlreichen Gottheiten personifiziert wurden. Es gab überaus wichtige Götter wie Hunab Ku, den Schöpfer des Universums, seinen Sohn Itzamna, den Schöpfer der Menschheit und Erfinder der Schrift, der Wissenschaften und des Studiums. Dessen Ehefrau Ixchel war die Mondgöttin, die Schutzheilige der Geburten, der Medizin und der Webtrachten. Regen, Gewitter, Blitze und Stürme wurden von Chac, dem Regengott bestimmt. Da die Maya die Leben spendende Sonne anbeteten, war der Sonnengott Ah Kinchil (oder Kinich Ahau) ein mächtiger Gott. Ah Puch, der Gott des Todes, wird grundsätzlich in Furcht einflößender Weise dargestellt, denn er bedeutet das Ende des Lebens. Eine weitere wichtige Gottheit war der häufig als Jüngling dargestellte Maisgott Yam Kax, denn die Maya glaubten, dass sie aus Mais erschaffen worden waren. Außerdem huldigten die Maya einer Vielzahl von Gottheiten, die das tägliche Leben beeinflussten. Es gab jeweils einen Gott für den Schutz der Händler und Reisenden, der Jagd, der Ernte, des Fischfangs,

▶ *Maisgott*
▼ *Itzamna*

GÖTTER DER MAYA

des Kriegs, der Poesie, der Musik, des Selbstmordes und sogar des Menschenopfers.

Solch eine Vorstellung des Universums hat zur Folge, dass das menschliche Dasein von den Göttern in all seinen Facetten beschützt oder auch bedroht werden konnte. Also mussten sie besänftigt werden, damit sie den Maya wohlwollend zur Seite standen. Wer konnte diese Aufgabe nur erfüllen? Der für das Wohl seines Volkes zuständige König und die Priester der Adelskaste. So stiegen der König und die Adelskaste eines jeden Stadtstaates im Laufe der Jahrhunderte zu gottähnlichen Wesen auf und wurden zu unentbehrlichen Mittlern zwischen dem einfachen Volk und den alle Lebensbereiche beherrschenden überirdischen Kräften. Bricht das Vertrauen in den König und seine Adelskaste infolge von katastrophalen Vorkommnissen, wie Missernten durch lange Trockenzeiten, Überbevölkerung oder Elend bringende Kriege, zusammen, so bricht auch die gesamte Organisation des Staates zusammen und kann langsam, aber sicher den Untergang einer gesamten Kultur zur Folge haben.

◀ *Regengott Chac*
▼ *Todesgott*

Puuc-Region

Puuc-Region

Herrschaftswandel in der Puuc-Region

Während andere Stadtstaaten lange untergegangen waren, kommt es in der Puuc-Region zu einem Bevölkerungszuwachs und erhöhter Bautätigkeit. Warum? Die Forschungen dauern noch an, jedoch zeichnet es sich schon ab, dass es in dieser Region zu einem politischen Wandel kam, wodurch sie nicht vom kollektiven Kollaps der Kultur betroffen war. Während sämtliche Stadtstaaten der klassischen Periode von einem allmächtigen, als Gottkönig angesehenen Herrscher regiert wurden, ist hier anscheinend zum ersten Mal die so genannte „mul tepal"-Regierungsform entstanden. Hier wurden die Städte von Gruppen oder Gremien regiert. Händler und Krieger bekamen mehr Einfluss. Die Machtsituation war aufgeteilt und somit das gesamte Machtgefüge nicht so zerbrechlich. Sind die großen Städte des Südens verlassen worden, da letztendlich das anfällige monarchische System zusammenbrach? In der Architektur der Puuc-Region gibt es vielfach Zeichen für eine Annäherung der Herrscherschicht an das Volk. Zum Beispiel erkennt man im „Bogen von Labná", innerhalb der heiligen Steinarchitektur, eine Abbildung der Hütte des normalen Volkes. Das wäre einem allmächtigen Herrscher Tikals oder Palenques kaum in den Sinn gekommen.

Im Norden der Yucatán-Halbinsel sind nur wenige Hieroglyphentexte gefunden worden, die über einen kulturellen Wandel hätten Auskunft geben können. Während in der klassischen Zeit jede monumentale Konstruktion von einem Hieroglyphentext begleitet wurde, sind in der Postklassik nur wenige Texte verfasst worden.

Als Datum für die Aufgabe einer Stätte *wird allgemein die letzte Inschrift oder nachzuweisende Bautätigkeit genommen. Einige Städte sind somit schon zum Ende des 8. Jahrhunderts aufgegeben worden. Die letzte Stätte des südlichen Tieflandes war 909 n. Chr. Toniná im Süden Palenques.*

Puuc-Region

Arte Maya auf Bestellung

Im Zentrum der Puuc-Region – in der Stadt Ticul – unterhält der Archäologe und Künstler Luis Echeverria seit über 30 Jahren das experimentelle Zentrum „Arte Maya" (Calle 23, Nummer 301), in dem er erforscht, wie die Maya ihre Farben herstellten und aus welchen Bestandteilen sie andere Materialien wie Stuck und Keramik produzierten. Er fertigt exakte Kopien von authentischer Keramik an, von monumentalen Masken und sogar einige der riesigen Stelen Copáns hat er exakt kopiert – Dauer etwa ein Jahr pro Stele. Zwei der Stelen stehen vor seinem Anwesen.

▲ *Im „Bogen von Labná" erscheinen einfache Hütten*

Das Schwierige bei der Herstellung von Keramikkopien ist nicht nur die Produktion der aufzutragenden Farben, die Don Luis wie die alten Maya aus der Mischung verschiedener Erdböden unter Zugabe bestimmter Blüten herstellt. Besonders um die exakte Schwere der Gefäße zu erzielen, benötigt man

Hyroglyphen entschlüsseln

Hieroglyphen entschlüsseln

Epigrafie wird die Wissenschaft genannt, mit deren Hilfe die Hieroglyphen entschlüsselt werden und ganze Texte verstanden werden können. Es gibt nur wenige Forscher, die sich dieser Arbeit gewidmet haben. Die Russin Tatjana Proskouriakoff war in den sechziger Jahren eine der ersten Forscherinnen, die wichtige Entdeckungen in der Mayaepigrafie hervorbrachte und den Grundstein für nachfolgende Epigrafen legte. Die Hieroglyphentexte, die einen Tempelbau begleiten, beinhalten grundsätzlich wichtige Informationen: Es wird der Herrscher genannt, der den Bau in Auftrag gab, der Grund der Errichtung und das Datum der Einweihung wurde festgehalten. Oft wird von bestimmten Ereignissen, wie Kriegen, Gefangennahmen, Opferungen oder Hochzeiten, erzählt. Die Entschlüsselung der Hieroglyphen und das Verstehen der Texte geben also Aufschluss über die Verhältnisse der damaligen Zeit und können anhand des exakten Datums in Beziehung zueinander gesetzt werden.

Es ist wahrscheinlich, dass Uxmal zu Beginn des 10. Jahrhunderts in freundschaftlichem, paktähnlichem Verhältnis zu Chichén Itzá stand und beide davon politisch profitierten. Gegen 950 n. Chr. finden sich keine Anzeichen mehr für große Bautätigkeiten in Uxmal und der Puuc-Region. Selbst schon begonnene Monumentalbauten wurden in Uxmal nicht mehr beendet. Der auf diese Zeit datierende Bau einer Stadtmauer deutet zunächst auf die Notwendigkeit der Verteidigung hin und damit letztendlich auf einen gewaltsamen Untergang. Da Chichén Itzá um diese Zeit zum alleinigen Herrschaftszentrum avancierte, wird vermutet, dass die Krieger Chichén Itzás Uxmal eroberten und Uxmal damit seine politische Macht einbüßte.

Puuc-Region

◀ *Zwei originalgetreue Kopien der Stelen von Copán*

tiefgründiges Wissen um die Kunst der Maya und eine wahrhaft meisterhafte Hand.

Don Luis ist heute einer der wenigen Menschen, die die Kunst der alten Maya am Leben erhalten. Er hat vielen privaten Bauherren und Kunstliebhabern ihr Zuhause im Mayastil verschönert und wie in Ticul auch für verschiedene öffentliche Auftraggeber gearbeitet. Er wird zu archäologischen Stätten gerufen, wenn eine besonders schwierige Restaurierung ansteht und der Besuch „Arte Mayas" steht auf dem Stundenplan jedes Archäologiestudenten Meridas – der Hauptstadt des Bundesstaates Yucatán.

In Playa del Carmen, das er zu seinem Zweitwohnsitz gemacht hat, können Interessierte zwei Restaurants bewundern, die Don Luis vollständig im Mayastil entworfen und ausgeführt hat: Café-Museo-Maya „Xlapak", Av. 5 zwischen den calles 14 und 16 und „Yaxché", calle 8 zwischen den avenidas 5 und 10.

Traditionelle Maya-Kultur auf der Yucatán-Halbinsel

Traditioneller Hausbau

Die einfachen Bauern der Mayabevölkerung lebten und leben noch heute in so genannten **„Chozas" – Häusern,** die nur aus einem Raum bestehen und aus vergänglichen Materialien gebaut wurden. Diese Gebäudestrukturen haben einen länglichen Grundriss. Je nach Region und Zeit gibt es verschiedene Varianten. Die allgemein bekannteste und am weitesten verbreitete Konstruktion hat an den vier Eckpunkten jeweils einen tragenden Holzpfosten. Diese Holzpfosten werden durch ein Geflecht von Ästen und Zweigen verbunden, welches beidseitig mit Lehm beworfen wird. Nach dem Austrocknen und damit Aushärten des Lehms sind es feste Wände. Die Holzpfostenkonstruktion trägt ein Flechtwerk von dicken und dünnen Hölzern, das mit Palmblättern gedeckt wird. Solch ein Haus hat keine Fenster, sondern nur Türöffnungen an einer oder beiden Langseiten, niemals an einer der kurzen Seiten. Diese Konstruktion steht immer auf einem künstlich angelegten Steinfundament, das somit der einzige Teil ist, der die Zeit überdauert. Fundamente aus der Zeit der alten Maya können noch heute nachgewiesen werden. Ein solches Gebäude war und ist perfekt an das tropische Klima angepasst. In ländlichen Gegenden trifft man diese traditionelle Bauweise auch heute noch überall an.

Die hier beschriebene Häuserform war und ist noch heute die Wohneinheit einer Familie, eines verheirateten Ehepaares mit seinen unverheirateten Kindern. Im Zuge der Vergrößerung einer Familie und durch Zuzug angeheirateter Familienmitglieder werden weitere Häuser errichtet. Es bilden sich

Traditionelle Maya-Kultur

Territoriale Organisation
Ein Hof aus mehreren Häusern war bereits bei den alten Maya die kleinste territoriale Einheit. Die nächst größere war eine so genannte Gruppe, die durch fünf bis 12 Höfe gebildet wurde und eine Fläche von 200 bis 300 Quadratmeter einnahm. Rund 50 Gruppen zusammengefasst formten eine Zone. Eine Zone hatte ein Ausmaß von zwei bis drei Quadratkilometern und wies schon ein zeremonielles Zentrum von geringer Wichtigkeit auf. Solch ein Unterzentrum war eine regelrechte Siedlung mit kleinen Tempelpyramiden, die unter der Kontrolle eines Familienklans stand, der in verwandtschaftlicher Verbindung mit dem König des übergeordneten Stadtstaates stand. Höfe, Gruppen und Zonen zählten zu einem übergeordneten Zentrum, dem so genannten Stadtstaat, der die Region beeinflusste und kontrollierte. Häufig wird so eine von einem Stadtstaat regierte Fläche Distrikt genannt. Dieses urbanistische System der Bildung von Höfen und deren Zusammenfassung zu größeren Einheiten zieht sich wie ein roter Faden durch die Maya-Architektur bis hin zu den großen zeremoniellen Zentren, die zwar durch ihre monumentale Architektur in Stein besonders herausgehoben und verdichtet sind, jedoch genauso immer nach dem Grundprinzip der Gruppierung von Gebäuden um einen Hof oder Platz funktionieren.

Gruppen von Häusern zusammengehöriger Familien, die als lockere Streusiedlungen im Bereich landwirtschaftlich genutzter Flächen verteilt sind. Die einzelnen Häuser werden rechtwinklig zueinander auf einer gemeinsamen Plattform gebaut und formen in ihrer Mitte einen Platz. Siehe Edzná.

Die Choza als Wohnhaus und das System der Bildung von Plätzen war über das gesamte Mayagebiet verbreitet.

Traditionelle Maya-Kultur

Entsprechend der geografischen Region und ihrer natürlichen Gegebenheiten variieren die Chozas in der **Verwendung der Baumaterialien.** Grundsätzlich gibt es zwei Formen: Die **erste Methode** ist die oben beschriebene Konstruktion aus tragenden Holzpfosten und Wänden aus einem Geflecht von Ästen und Zweigen, die mit Lehm verputzt wurden. Die Holzpfostenkonstruktion trug ein Flechtwerk von dünnen Hölzern, das mit Palmblättern gedeckt wurde. Der Grundriss konnte exakt rechteckig sein oder die kurzen Seiten waren oval konstruiert.

Als Fundament dient ein Streifenfundament. Bei Gebäudeaufnahmen in archäologischen Stätten findet man in den vier Ecken der damaligen Chozas immer bearbeitete Steine, die runde Auskerbungen aufweisen. Hier wurden die Eckpfeiler des Gebäudes eingesetzt. Diese Pfeiler trugen das Palmdach.

Alle Konstruktionsteile wurden mit Lianen verbunden. Bevor die Lianen in der Konstruktion verwendet wurden, wurden sie in kochendem Wasser

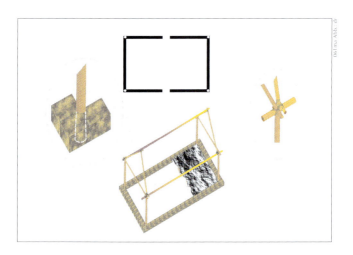

Traditionelle Maya-Kultur

erhitzt, um sie elastisch zu machen. In diesem Zustand wurden sie verarbeitet. Während des Abkühlens zogen sich die Lianen wieder zusammen und stellten so eine stabile und lange haltende Verbindung dar. Auch die Konstruktionsform mit Lianen ist noch heute in ländlichen Gebieten üblich.

Das Bild auf Seite 116 zeigt eine Konstruktion mit abgerundeten Ecken. Neben den dicken tragenden Pfeilern wurden zwei weitere Hölzer benutzt. Etwa alle zwei Meter werden Holzstäbe – zurecht geschnittene Äste oder Zweige – von einem Durchmesser von 5 cm aufgestellt, die Teil der Wand sind und ihrer Stabilisierung dienen. Sie werden in den Boden eingelassen. Die eigentliche Wand wird dann aus dünnen Holzstäben von 3 cm Durchmesser erstellt, die auf das Steinfundament gestellt werden. Steinfundament und Holzstäbe werden dann mit Lehm verbunden und abgedichtet. Die Holzstäbe, die die Wände bildeten, werden zusätzlich durch drei Lagen Lianen zusammengehalten. Eine

TRADITIONELLE MAYA-KULTUR

Lage wird kurz über dem Steinfundament angebracht, dann eine mittig zur Höhe der Holzstäbe und die oberste kurz vor dem oberen Ende der Holzstäbe.

Beim rechteckigen Grundriss sind die kurzen Seiten der Choza anfällig für Eindringen von Regenwasser in das Gebäude. Im Falle der abgerundeten Ecken läuft das Regenwasser vollständig ab. Wahrscheinlich stellt die zweite Konstruktionsform eine spätere Perfektionierung der rechteckigen Form dar. Schon in den Stätten der klassischen Zeit wurden Chozas mit abgerundeten Ecken gefunden und in Stätten der Postklassik wurden fast ausschließlich Chozas mit abgerundeten Ecken gefunden.

Bei einer **zweiten Konstruktionsart** wird die in den mexikanischen Bundesstaaten Quintana Roo und Chiapas sowie im Tiefland Guatemalas wachsende Bambusart „caña brava" (Rispengras) anstatt des Geflechtes von Ästen und Zweigen für die Wände benutzt. Durch den geraden Wuchs der

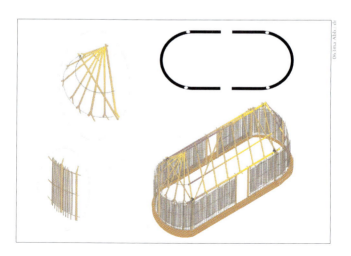

TRADITIONELLE MAYA-KULTUR

„caña brava" können die einzelnen Stäbe gut aneinander angepasst werden. Die „caña brava" ist zu glatt, als dass sie mit Lehm hätte verputzt werden können. Somit sind die Wände nicht so gegen Moskitos und anderes Getier abgedichtet wie die mit Lehm verputzten Geflechte aus Ästen und Zweigen. Die „caña brava" wurde bei den alten Maya wahrscheinlich eher für den Bau von Lagerräumen und Gehegen genutzt und nur in Gebieten, in denen kein geeigneter Lehmboden vorhanden war – wie beispielsweise in Teilen der mexikanischen Bundesstaaten Quintana Roo und Chiapas – auch für Wohnhäuser.

In der Postklassik entwickelten die Maya Cozumels (eine Insel an der Ostküste der Yucatán-Halbinsel, zum heutigen Bundesstaat Quintana Roo gehörend) eine Sonderform: Das so genannte **„false-front-house"**. Die Vorderfront ist aus Stein konstruiert und die weiteren Wände wurden aus der schon genannten „caña brava" hergestellt. Das

TRADITIONELLE MAYA-KULTUR

Gebäude macht den Eindruck als wäre es vollständig aus Stein konstruiert, doch in Wirklichkeit sind drei der Wände aus der „caña brava" hergestellt.

Da sich die traditionelle Konstruktion der Choza in ländlichen Gegenden bis heute nicht viel verändert hat, kann man aus den Gebäudekomplexen der heutigen Maya gewisse Rückschlüsse auf die damalige Zeit ziehen. Auch Berichte der ersten Spanier und heutige Beobachtungen ähneln sich sehr. Danach wird grundsätzlich jeder Neubau kurz vor der Hochzeit eines jungen Paares errichtet. Familienmitglieder und Freunde des zukünftigen Ehepaares helfen beim Bau: Am frühen Morgen des ersten Tages der insgesamt nur zwei Tage dauernden Arbeiten werden die nötigen Baumaterialien aus dem nahen Wald geholt. Stützen, Pfeiler und sämtliches Holz für die Dachkonstruktion wird geschlagen und Lianen für die Verbindungen der einzelnen Konstruktionsteile werden gesucht. Während gegen Mittag ein Teil der Gruppe mit dem Bau beginnt, kehren einige in den Wald zurück, um weitere Lianen und die Palmblätter zur Dacheindeckung zu suchen. Gegen Abend steht das Gerüst der Choza und für den nächsten Tag liegen bereits große Mengen an Palmblättern bereit. Am zweiten Tag folgen schließlich nur noch die Dacheindeckung, das Einsetzen der Türen und das Verputzen der Wände mit Lehm.

Bei dieser Beschreibung ist die Herstellung des **Steinfundamentes** außer Acht gelassen worden. Wenn das Haus auf einem Steinfundament stehen soll – zur Zeit der klassischen Maya war dies wahrscheinlich grundsätzlich der Fall, während es bei den heutigen Maya vom Besitz der Familie abhängt –, dann wird es vom Vater des zukünftigen Ehemannes und ihm selbst vorher angelegt. Im Unterschied zu den alten Maya besteht ein Steinfundament heute aus einer breiten Plattform, auf der

Traditionelle Maya-Kultur

eine ein Meter hohe und 50 cm breite Mauer errichtet wird.

Der Bau ihres Wohnhauses war und ist für das Paar eine relativ **kostengünstige Angelegenheit.** Alle Baumaterialien stammen aus dem nahen Wald und waren/sind somit kostenlos. Die Arbeiter kosten nur das Essen für die zwei Bautage. Natürlich ist jeder verpflichtet, bei Bauten anderer Familienmitglieder und Freunden ebenfalls zu helfen.

In der Nacht nach der Fertigstellung des Gebäudes bekam es durch einen Priester die **religiöse Weihe** (heute nur noch selten). In den vier Ecken der Choza wurde Kopal (eine Art Weihrauch) abgebrannt und es wurden Likör, Fleisch und Tortillas für die Götter dargebracht.

Balché

Nach einer alten Legende wurde dieses alkoholische Getränk dank einer dramatischen Liebesgeschichte zwischen einer jungen Maya und einem Krieger des selben Stammes kreiert. Die hübsche Sak-Nicté (weiße Blume) erregte leider auch die Gemüter eines alten und grausamen Kaziken (Großgrundbesitzers), vor dem sie mit ihrem Geliebten in den Dschungel flüchtete. Nachdem sie schon einen Tag vergeblich nach Nahrung gesucht hatten, fanden sie einen Bienenstock mit leckerem Honig. Den Honig bewahrten sie auf einem Stück Baumrinde eines nahe stehenden Baumes namens Balché auf. Als es in der Nacht anfing zu regnen, mischte sich der Honig mit dem Regenwasser und so entstand daraus ein exquisites Getränk.

Der Kazike suchte nach den beiden Verliebten und als er und seine Mannen sie fand, bat ihn der junge Krieger, dass er eine von ihm bereitete, ausgezeichnete Speise akzeptiere, anstatt ihn umbringen zu lassen. Der Kazike stimmte zu und der Jüngling präparierte ein Festmahl. Zum Ende des Festmahls reichte der junge Krieger dem Kaziken jenes Getränk aus der Mischung von Wasser und Honig, gegärt auf der Baumrinde des Balché-Baumes. Der Kazike war fasziniert vom Wohlgeschmack des Getränkes und beschloss, das Paar in Freiheit zu entlassen, wenn sie ihm das Rezept dafür verraten würden. Seitdem wurde dieser deliziöse Likör „Balché" im ganzen Land bekannt und fortan für die verschiedensten Rituale und Zeremonien verwendet.

Obwohl die Einnahme des Getränkes von der spanischen Obrigkeit unter Strafe verboten wurde, stellten die Maya es heimlich her. Noch heute erfreut es sich in ländlichen Gegenden großer Beliebtheit. Besonders zu Zeiten großer Trockenheit und Dürren, wenn die Maisernten in großer Gefahr sind, gehört das Trinken von Balché zu der bekannten Zeremonie ch´a´chaac, mit der die Götter um Regen gebeten werden. Auch heilende Kräfte werden dem Balché zugesprochen, hauptsächlich wird es zur Behandlung von Blasenkrankheiten und Beschwerden in der Leistengegend verschrieben.

Wenn Sie in kleinen Dörfern auf dem Land Einheimische nach „Balché" fragen, können Sie das Glück haben, ihn probieren zu dürfen.

Medicos indígenas mayas – Curanderos

Die Heiler der Maya haben ihr Wissen über die Wirkung bestimmter Heilpflanzen und die Kenntnisse über verschiedene Formen der Geistheilung über Jahrhunderte von Generation zu Generation weitergegeben. Noch heute gibt es eine Vielzahl von „Curanderos" im gesamten Mayagebiet, die mit ihren Kenntnissen über die Natur Gottes oft erstaunliche Ergebnisse erzielen. Indígenas haben häufig mehr Vertrauen zu ihren Heilern als zur herkömmlichen Medizin.

Traditionelle Maya-Kultur

Aufgesucht werden sie hauptsächlich aus Gründen gesundheitlicher Probleme, doch auch Arbeitsuche oder Liebeskummer können Gründe sein, den Heiler zu konsultieren.

Wie in unserer herkömmlichen Medizin gibt es unter den „Curanderos" Spezialisten für die unterschiedlichen Krankheiten. So gibt es Heiler, die sich speziell mit Krankheiten im Bereich der Knochen auskennen und andere, die auf innere Organe spezialisiert sind. Wieder andere beschäftigen sich mit dem Geist und der Seele.

Eine Behandlung kann sogar ohne die persönliche Anwesenheit eines Kranken durchgeführt werden, indem er die Einnahme bestimmter Pflanzenprodukte verordnet bekommt. Doch grundsätzlich ist es hilfreich, wenn der Kranke persönlich zum Heiler erscheint, damit die Behandlung von bestimmten Ritualen begleitet werden kann. Damit kann der „Curandero" direkt positive Energie auf den Patienten übertragen bzw. negative Energien ableiten.

Schon 1986 wurde eine Vereinigung namens „Yuunts'il ku tsaak" („Gott ist derjenige, der heilt") gegründet. Mitglieder sind 120 „traditionelle Ärzte", die mit insgesamt 180 Heilpflanzen arbeiten.

Zudem wurde am 23. Juli 2002 die Organisation „Omimpy" (Organisation indigener Maya-Ärzte der Yucatán-Halbinsel) gegründet, der acht lokale Unterorganisationen angehören, die über die ganze Halbinsel verteilt sind und auf gemeinsamen Kongressen gegenseitig ihre Kenntnisse und Erfahrungen austauschen.

Leser dieses Buches, deren Krankheit von der herkömmlichen Medizin nicht geheilt werden konnte, können mich gerne unter info@playaspanishschool.com oder info@mayakultur.de anschreiben. Vielleicht kann ich ihnen einen „Curandero" für ihre spezielle Krankheit empfehlen.

CHICHÉN ITZÁ

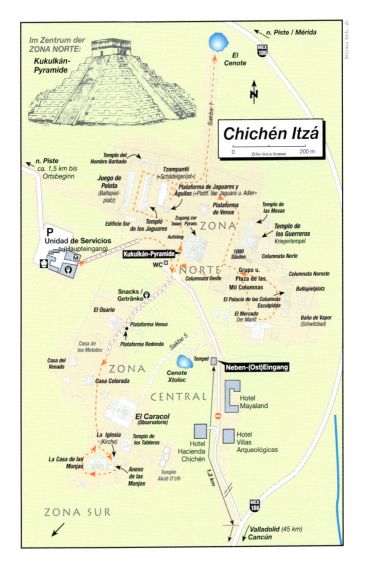

Chichén Itzá

Einführung

Chichén Itzá wird gemeinhin in zwei Bezirke unterteilt: **Chichen viejo** (das alte Chichén Itzá) im südlichen Stadtbezirk und **Chichen nuevo** (das neue Chichén Itzá) im nördlichen Bereich. „Chichen viejo" besteht aus reiner Maya-Architektur. Chichén Itzá wurde von Maya der Itzá-Familie gegründet und stetig vergrößert. Wie in der Puuc-Region findet man in Chichén Itzá zwei verschiedene architektonische Stile, die zeitlich bedingt sind. Hier sind es die beiden **Stile Maya-Chichén und Chichén-Tolteca.** Maya-Chichén weist die gleichen Merkmale wie beim Puuc der Spätzeit auf (siehe S. 104). Im Stil Chichen-Tolteca wird der große Einfluss der Kultur der Tolteken aus dem zentralen mexikanischen Raum um Mexiko-Stadt deutlich. Es kommt zum ersten und einzigen Mal zu einer Weiterentwicklung der Architektur. Durch die Einführung von hohen Säulen und Pfeilern, die als Stützen eingesetzt werden, können größere Räume geschaffen werden, deren Flachdächer auf diesen Stützen ruhten. Man erkennt an den Gebäuden den Baustil „Talud-Tablero", der für die Architektur der Azteken und Tolteken typisch ist.

Deswegen waren die Maya-Forscher noch in den sechziger Jahren fest der Meinung, dass Chichén Itzá von den **Tolteken** erobert worden war. Da jedoch später auch in Tula, der Hauptstadt der Tolteken (nahe Mexiko-Stadt), Maya-Architektur unter den toltekischen Strukturen entdeckt wurde, sind die Meinungen heute sehr geteilt. Ist Chichén Itzá von den Tolteken erobert worden oder haben die Itzá-Maya mit den Tolteken gemeinschaftlich die gesamte Region kontrolliert? Es scheint festzustehen, dass Chichén Itzá in der Mitte des 10. Jahrhunderts

Highlights
- *Observatorium*
- *La Iglesia, die Kirche*
- *Tempel des Kukulcán*
- *Ballspielplatz*
- *Der Tzompantli*
- *Der heilige Cenote*
- *Kriegertempel*
- *El Mercado, der Markt*

Chichén Itzá

Uxmal den Rang ablief und zum einzigen Führungszentrum der Yucatán-Halbinsel wurde, doch inwiefern dies durch die Tolteken beeinflusst wurde, ist nicht sicher.

Nachdem Chichén Itzá Uxmal in der ersten Hälfte des 10. Jh. ins politische Abseits verdrängt hatte, hielt der Stadtstaat die **alleinige Machtposition** auf der Yucatán-Halbinsel für drei Jahrhunderte inne. Anfang des 13. Jh. übernahm **Mayapán** – ein nahe gelegener Stadtstaat – auf noch nicht geklärte Weise die Herrschaft auf der Yucatán-Halbinsel. Mayapán regierte die Region wiederum zwei Jahrhunderte lang. In der ersten Hälfte des 15. Jahrhunderts wurde Mayapán zerstört. Texte, die nach der spanischen Eroberung erstellt wurden, berichten von unterjochten Herrscherfamilien, die im Stadtzentrum Mayapáns leben mussten und die letztendlich im Jahr 1441 n. Chr. revoltierten und die herrschende Königsfamilie der Cocom ermordeten.

Besichtigung

Wenn man sich die Stätte nach der zeitlichen Abfolge seiner Erbauung ansehen möchte, sollte man zunächst durch den alten Teil mit Gebäuden aus der klassischen Zeit wandern.

Chichen viejo bietet dem Betrachter einige sehr schöne Gebäude im klassischen Puuc-Stil. Unter ihnen ragen das **Observatorium** mit seinem runden Turm, von dem aus die Gestirne beobachtet wurden, und „La Iglesia", die Kirche, heraus. **„La Iglesia"** weist nur einen Innenraum auf, der als Kraggewölbe konstruiert ist. Bis zur Höhe, ab der die Mauersteine im Inneren hervorkragen, bleibt die Außenfassade glatt. Über ihr folgt eine hohe ornamentierte Fassade, auf der ein Dachkamm thront. Das Gebäude ist mit schönsten Friesen versehen, in die Chacmasken eingearbeitet sind.

CHICHÉN ITZÁ

▲ *Blick auf „El Castillo" (Tempel des Kukulcán)*

„**El Castillo**" ist die architektonische Perfektion der Postklassik! Der Tempel wird auch „Tempel des Kukulcán" (maya) oder „Tempel des Quetzalcoatl" (toltekisch/aztekisch) genannt. Beides bedeutet „Tempel der gefiederten Schlange". Quetzalcoatl (siehe folgende Seite) wurde von den Azteken und Tolteken als wichtigste Gottheit verehrt.

Die Struktur besteht aus vier identischen Seiten. Auf jeder der Seiten befindet sich eine monumentale Treppe, die nach oben zum Tempel führt. Jede der Treppen hat 91 Stufen. 91 x 4 = 364 Stufen + der letzte Schritt zum Tempel = 365, die Anzahl der Tage eines Jahres! Wer am 21. März oder 21. September – jeweils zur Sonnenwende – Gelegenheit findet, Chichén Itzá zu besuchen, dem wird sich ein sensationelles Schauspiel präsentieren: Die nordöstliche Fassade des Gebäudes wird sich vollständig im Schatten befinden. Nur auf die Außenseite der nordwestlichen Treppe wird etwas Sonnenlicht

Chichén Itzá

fallen. Dieses Sonnenlicht kann mit dem Aussehen eines Schlangenkörpers verglichen werden. Da sich der Sonneneinfall verändert, bewegt sich dieses Licht und erweckt den Eindruck, als würde sich ein Schlangenkörper hinunter winden. Was haben die Maya am unteren Ende der Treppe konstruiert? Einen steinernen Schlangenkopf! Sie konnten also eindeutig berechnen, wann die Sonnenstrahlen in welchem Winkel auf die Erde trafen und integrierten dann so ein Spiel mit Licht und Schatten in ihre Monumentalarchitektur!

Geht man vom Tempel des Kukulcán nach Nordwesten, so gelangt man zum größten **Ballspielplatz** ganz Mesoamerikas (Bild siehe Seite 49)! Im Vergleich zu sämtlichen anderen Ballspielplätzen der Maya-Welt erscheint dieser überdimensional groß und weist veränderte Formen auf. An den Längsseiten sind so gut wie keine schrägen Flächen mehr vorhanden, aber sehr hohe vertikale Wände.

Wenn man den Ballspielplatz am nördlichen Ende verlässt, kommt man rechter Hand kurz darauf am so genannten **„Tzompantli"** vorbei. Diese Strukturen sind häufig in Zentralmexiko gefunden worden. Sie sind ein Zeichen des toltekischen Einflusses. Ein „Tzompantli" ist eine steinerne Plattform, deren Seitenflächen von in Stein gehauenen Totenköpfen – die zum Teil aufgepfählt sind – übersät sind. Nach Berichten von spanischen Konquistadoren wurden auf der Plattform die abgeschlagenen Köpfe von ↗Geopferten zur Schau gestellt.

> **Quetzalcoatl**
> *Es entstanden viele zum Teil heute noch verwirrende Legenden um diese imaginäre Figur, die gleichzeitig eine Gottheit, aber auch ein hoher Anführer der Tolteken gewesen sein soll. Nach einer Geschichte verließ ein hellhäutiger, Heil und Glück bringender Anführer namens Quetzalcoatl um 950 n. Chr. das Toltekenland in Richtung Osten, also in Richtung Mayagebiet und sollte irgendwann als heilbringender Held zurückkehren. Dieses mag zu der tragischen Verwechslung geführt haben, dass die Azteken Jahrhunderte später den spanischen Konquistador Hernán Cortés zunächst für den wiederkehrenden Quetzalcoatl hielten und sich ihm unterwarfen.*

OPFERUNGEN

Opferungen

Im Zusammenhang mit bestimmten Zeremonien und Ritualen wurden Tieropfer vorgenommen. Nach Beobachtungen des spanischen Bischofs Diego de Landa sind Jaguare, Schildkröten, Truthähne und Hunde in großer Zahl geopfert worden. Hierbei wurde teilweise das ganze Tier oder nur sein Herz geopfert. Das höchststehende Opfer jedoch war das Menschenopfer. In der Religion der Azteken und Tolteken war menschliches Blut das wichtigste Nahrungsmittel der Götter. In der Postklassik wurden unter dem Einfluss der Tolteken häufig Menschen geopfert. Sklaven, gefangen genommene Krieger anderer Stadtstaaten, Kriminelle oder Waisenkinder wurden auf verschiedene Arten getötet: Ertränken, Erhängen, Erschlagen, Vierteilen, Köpfen ... Manchmal wurde das Opfer an einen Pfahl gebunden und mit Pfeil und Bogen bewaffnete Tänzer schossen einer nach dem anderen einen Pfeil in Richtung Herz des Opfers. Im „Tempel des Jaguars" ist eine Zeichnung entdeckt worden, die einen Priester zeigt, während er einem Opfer das Herz bei lebendigem Leibe herausschneidet.

Unter dem Einfluss der Tolteken wurde das Menschenopfer in der Postklassik ohne Zweifel zu einer wichtigen und häufigen Funktion im religiösen Leben der Maya. Aus der Klassik vor dem kulturellen Kollaps sind nur wenige solcher Zeugnisse bekannt und einige Archäologen zweifeln eine weite Verbreitung des Menschenopfers in der klassischen Maya-Welt an.

◀ *Zeichnung einer Opferung im „Tempel des Jaguars"*

CHICHÉN ITZÁ

Sacbé

bedeutet „weiße Straße". Die Sacbéoh (in Maya wird der Plural durch das Anhängen der Silbe „ob" gebildet) waren die heiligen Straßen der Maya. Die Dammwege wurden geschaffen, indem man an ihren Begrenzungsseiten kleine Mauern baute, die mit Steinen und Füllmaterial geschlossen, mit Mörtel verdichtet und mit Stuck überzogen wurden. Diese wie Dämme aussehenden erhöhten Straßen dienten als Verbindung zwischen Tempeln, Stadtteilen oder verschiedenen Zeremonialkomplexen. Sacbéoh konnten bis zu 20 m breit sein. Auf ihnen wurden die wichtigen Prozessionen abgehalten. In einigen Fällen verbanden sie sogar entfernte, befreundete Städte miteinander. Die längste Sacbé der Maya-Welt mit einer Länge von über 100 Kilometern führt von Cobá nach Yaxuná (einer Stadt nahe Chichén Itzá).

Vom nördlichen Ende des riesigen Platzes, nicht weit vom Ballspielplatz, kann man über eine ↗Sacbé in Richtung des heiligen **Cenote** wandern. Obwohl der Cenote ursprünglich wohl ein Grund dafür war, dass sich die Maya hier niederließen, wurde er später nicht mehr als Wasserspender genutzt, sondern nur noch ein zweiter, der innerhalb der Stätte weiter südlich gelegen ist. Bei Tauchgängen im Cenote wurden allerlei Schmuckstücke aus Gold und Goldblech gefunden, die dort als Opfergaben versenkt wurden. Diese Fundstücke stammen aus dem Süden Mittelamerikas, der heutigen Region Costa Ricas, und sind der Beweis für einen sich weit erstreckenden Kontakt und Handel zwischen verschiedenen Völkern in der Postklassik. Wenn lokale Touristenführer erzählen, dass im Cenote nur Jungfrauen geopfert wurden, so sind das nur Fantasien.

Auf derselben Sacbé zurückkommend liegt linker Hand der **Kriegertempel.** Der Eingang zum Tempel wird bewacht von einem **„Chac Mool",** einer liegenden Statue, die eine Opferschale in ihren Händen hält. Da in der Bezeichnung der Name des Regengottes „Chac" enthalten ist, wird von dieser Skulptur gerne berichtet, dass sie den Regengott dar-

CHICHÉN ITZÁ

▲ *Chac Mool vor dem Kriegertempel*

stelle. Wahr ist, dass der französische Archäologe Le Plongeon, der als erster eine dieser Figuren entdeckte, ihr diesen Namen gab, ohne mit der Möglichkeit von Begriffsverwirrung zu rechnen. In Wirklichkeit stellen sie Wächterstandarten dar, die bestimmte Heiligtümer symbolisch bewachen. In Chichén Itzá sind insgesamt acht Chac Mools gefunden worden. Der Kriegertempel ist ein hervorragendes Beispiel der toltekischen Bauweise im Talud-Tablero-Stil. Man erkennt eindeutig den unteren schrägen Fassadenteil (Talud), auf den breites, kastenförmiges Gesims folgt (Tablero).

Vor dem Kriegertempel befindet sich die **Gruppe der tausend Säulen.** Betrachten Sie einige der Säulen möglichst genau. Die

Chichén Itzá

Der Handel

Es gab Handelsrouten zu Land und Wasser (Meer und Flüsse), die durch das gesamte Mayagebiet führten. Aus dem Tiefland wurden Waren wie Feuerstein, Honig, Bienenwachs, Textilien aus Wolle, Kautschuk, Kopal, Tabak, Vanille, Schildkrötenpanzer sowie Jaguar- und Ozelotfelle ins Hochland gebracht, um sie dort gegen die regionalen Erzeugnisse Jade, Obsidian, Quetzalfedern und Zinnober zu tauschen. Aus den Küstenbereichen kam Salz, getrockneter Fisch, Muscheln, Rochenstachel und verschiedene Perlen. Es scheint, dass der Handel von reichen Personen der Adelskaste organisiert und kontrolliert wurde. Auf den Landwegen trugen Sklaven die Waren auf ihren Rücken und für den Handel auf Wasserwegen wurden große Boote konstruiert, die eine Länge von bis zu 16 Metern haben konnten. Allgemein üblich war Tauschhandel Ware gegen Ware. In der späten Klassik wurde die Kakaobohne zum Zahlungsmittel, das einen feststehenden Wert auf den Märkten hatte.

meisten zeigen Krieger, was die Heimkehr von einem erfolgreichen Kriegszug symbolisieren soll. Sowohl auf dem Tempel als auch auf den Säulen ruhte einst ein Dach. Mit Hilfe von horizontalen Holzbalken, die auf den Säulen lagen, konnten riesige und luftige Hallen erstellt werden. Im Vergleich zu den Kraggewölben, die eine maximale Breite von drei Metern erreichen konnten und feucht und dunkel waren, stellt diese Konstruktionsform eine immense Erweiterung der architektonischen Möglichkeiten dar. Leider sind Holzbalken im Vergleich zu den steinernen Kraggewölben vergängliche Konstruktionsmittel, die die Zeit nicht überdauerten, so dass die Dächer einstürzten.

Hinter der Gruppe der tausend Säulen liegt etwas versteckt im Wald: **„El Mercado"**, „der Markt". Diese Struktur ist eindeutig als ein postklassisches Gebäude identifiziert worden, in dem Märkte abgehalten wurden. In Form von kleinen, individuellen Ständen wurden hier Waren zum Kauf angeboten. Es ist gesichert, dass der ↗Handel in der Postklassik einen hohen Stellenwert einnahm. Aus der klassischen Zeit sind in keiner Stätte Gebäude gefunden worden, die den Schluss zulassen, dass sie zu Handelszwecken genutzt wurden. Wahrscheinlich wurden die Geschäfte unter freiem Himmel oder unter Gebäuden aus vergänglichem Material durchgeführt.

Ek Balam – die sensationellsten Entdeckungen der letzten Jahre

Einführung

In den letzten vier Jahren sind im Zuge eines archäologischen Projektes viele Entdeckungen zu Tage gekommen, die bislang ein großes Rätsel innerhalb der Maya-Forschung darstellen.

Highlights
- *Stadtmauern*
- *Stadttor*
- *Akropolis*
- *Architektonischer Einfluss verschiedener Stile*

Besichtigung

Vom Parkplatz/Eingang aus gelangt man über eine ehemalige Sacbé, die man nicht als solche erkennt, wenn man nicht genau hinsieht, zu einem beeindruckenden **Stadttor.** Dieses Stadttor, das aus einem klassischen Kraggewölbe besteht, bildet den Eingang zum zeremoniellen Zentrum.

▼ *Das Stadttor von Ek Balam*

Ek Balam

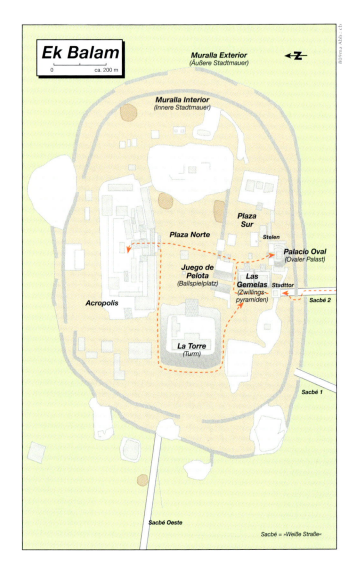

Ek Balam

Das Zentrum Ek Balams hat eine Größe von 1,25 Quadratkilometern und wird von zwei konzentrischen **Wällen** begrenzt. Solche Wälle dienten zu Zwecken der Verteidigung, aber häufig auch zur Abgrenzung des zeremoniellen Zentrums, dessen Zugang dem normalen Volk gar nicht oder nur zu bestimmten Zeiten gestattet war. Die Wälle lassen an den vier Himmelsrichtungen jeweils einen Eingang offen, von wo aus eine Sacbé in Richtung der jeweiligen Himmelsrichtung führt und an einem weiteren Eingang im Südwesten beginnt eine fünfte Straße. Lange hieß es, dass Tulum die einzige Stätte mit einem Verteidigungswall um die Stadt herum sei, doch heute weiß man, dass in vielen Städten solche Wälle gebaut worden sind. Hier in Ek Balam sind sie noch sehr gut zu erkennen. Häufig befanden sich auf diesen Mauern Palisaden und davor tiefe Gräben, die zum Teil mit Wasser gefüllt waren. Diese in der späten Klassik konstruierten Wälle lassen darauf schließen, dass sich die Bewohner gegen Feinde schützen mussten und dass in jener Zeit Kriege stattfanden.

Hinter diesem Stadttor eröffnet sich dem Besucher die beeindruckende Architektur Ek Balams. Geht man geradeaus hinein ins Zentrum, so kommt man automatisch durch den **Ballspielplatz** und geht dann auf eine riesige Akropolis zu.

Wenn man die untere Fassade der **Akropolis** näher betrachtet, erkennt man, dass der obere Teil dieser Fassade nach hinten abgeschrägt ist. Ein architektonisches Detail, das man sonst nur in Chichén Itzá findet. An einigen Stellen sind noch Überreste von Mosaiken zu erkennen, die dem Stil Chichén Itzás entsprechen.

Der untere Ansatz der monumentalen Treppe wird von zwei **Emblemglyphen** (siehe folgende Seite) flankiert. Sie stellen Wappen dar. Steigen Sie die Treppe auf jeden Fall hinauf. Fast am oberen Ende

EK BALAM

▲ Einmalige Fassade mit ausdrucksstarken Figuren

auf der linken Seite werden Sie einen wunderschönen und einzigartigen **Tempeleingang** entdecken. Der Eingang ist dargestellt als riesiges Maul, unter dem die Masken der Dämonen der Unterwelt lauern. Um den Eingang herum erkennt man klar die riesigen Zähne des Ungeheuers, links und rechts davon monumentale Ohren mit symbolischer Ornamentik. Die obere Hälfte der Konstruktion wird von menschlichen Skulpturen dominiert, die zum Teil Flügel besitzen. Unter beiden Augen ist ein Boot angedeutet. Jeweils im Boot als auch im Auge sitzt ein Maya. Diese Figuren sind die künstlerisch wertvollsten und lebendigsten Skulpturen, die jemals im gesamten Mayagebiet gefunden worden sind!

Hier kann man sich lebhaft vorstellen, wie wichtig die Symbolik und Mystik in der Vorstellungswelt

Ek Balam

Emblemglyphe

Copán

Tikal

1958 stellte der deutsche Archäologe Heinrich Berlin fest, dass es unter den Hieroglyphen eine ganz besondere Art gab, die anscheinend ein Zeichen für einen Stadtstaat oder die von ihr regierte adlige Familie darstellten. Heute ist klar, dass eine Emblemglyphe das politische und territoriale Einflussgebiet eines Hauptzentrums symbolisierte. Alle großen Maya-Zentren besaßen ihre eigene Emblemglyphe.

Naranjo

Palenque

und der Religion der Maya gewesen sein müssen. Das gilt sowohl für die Bauwerke als auch für die **Schriften.** Vier ↗Bücher haben die Verbrennungen der Spanier überlebt.

Die archäologischen Arbeiten an der Akropolis sind noch lange nicht fertig. Dreht man sich und schaut von hier oben nach schräg links und schräg rechts, so sieht man zwei weitere riesige Komplexe, die bislang nicht freigelegt worden sind.

Gegenüber der Akropolis befindet sich ein Gebäude, auf dessen Höhe eine kleine Konstruktion erkennbar ist. Geht man hinüber und besteigt das Gebäude, so steht man vor einem **kleinen Hei-**

Bücher (Codices) der Maya

Die Spanier glaubten, dass die Schriften der Maya-Produkte des Teufels waren und taten alles, um diese Zeugnisse zu vernichten. Nur vier Bücher entkamen den Verbrennungen und existieren noch heute. Die so genannten Kodizes, die nach ihren heutigen Aufbewahrungsorten benannt sind, befinden sich in Dresden (74 Seiten), Madrid (112 Seiten), Paris (22 Seiten) und in der Kunstgalerie Grolier in New York (11 Seiten). Die Deutung der mythologischen Themen der Kodizes half bei der Analyse des täglichen Lebens der Maya, ihrer Religion, der Mathematik, des Kalenders und der Astronomie.

Ek Balam

▸ *Stelen in Ek Balam*

ligtum, das im typischen Stil der Ostküste (Tulum) erstellt worden ist. Das Bauwerk datiert auf die Spätklassik. Nur dieses kleine Heiligtum ist Jahrhunderte später unter dem Einfluss Tulums auf das Gebäude gesetzt worden.

Die Architektur Ek Balams weist allgemein eine Vielzahl verschiedener **Einflüsse anderer Regionen** auf. Frühe Konstruktionen zeigen Architektur im Stile Tikals. Die Darstellung eines Tempeleinganges in Form eines Dämonenmauls kommt sonst nur in den Regionen Chenes/Río Bec vor. Die unteren, nach innen abgeschrägten Fassaden der Akropolis mit Überresten von mosaikartigen Skulpturen zeigt einen Einfluss von Chichén Itzá und die Architektur der kleinen Heiligtümer findet man sonst nur an der Ostküste.

Ist Ek Balam häufig unter die Herrschaft anderer mächtiger Stadtstaaten gefallen oder war es gar ein multikulturelles Zentrum, das seine eigene Architektur immer wieder neu mit der anderer Städte kombinierte und eventuell über die Zeit verschiedene Pakte mit unterschiedlichen Machtzentren einging?

Tulum

Einführung

Tulum ist die bekannteste und meist besuchte Stätte der architektonischen Stilregion „Ostküste". Neben seiner spektakulären Lage auf Klippen faszinieren den Besucher besonders das Bauwerk „El Castillo" und der Tempel der Fresken.

Die Puuc-Region überlebte den kulturellen Kollaps im 9. Jahrhundert nach Christus. Um die Mitte des 10. Jahrhunderts lief ihr Chitchén Itzá den Rang ab und wurde zum mächtigsten Zentrum auf der Yucatán-Halbinsel Drei Jahrhunderte später übernahm Mayapán die Vormachtstellung und regierte weitere zwei Jahrhunderte bis zu seiner Zerstörung im Jahre 1441.

Nach dem Fall Mayapáns gab es keinen mächtigen Stadtstaat mehr, der die Yucatén-Halbinsel hätte kontrollieren und organisieren können. Nun rangen viele Kleinstaaten in aufreibenden Kämpfen um politische Macht, ohne dass ein Stadtstaat eine Vormachtstellung erreichen konnte. Einige Archäologen glauben, dass es nur eine Frage der Zeit gewesen wäre, bis die Welt der Maya von kriegerischen Indianerstämmen aus dem Westen unterjocht worden wäre. Wenn nicht die Spanier gekommen wären ...

Besichtigung

„El Castillo" ist das höchste Gebäude Tulums. Es steht direkt an den Klippen zum Meer und überschaut majestätisch das von einem Verteidigungswall eingerahmte Zentrum.

Der **„Tempel der Fresken"** ist eine der am besten erhaltenen Strukturen. Sowohl die Dekoration der Außenfassaden als auch die authentischen Wand-

Highlights
- *Tempel der Fresken*
- *„El Castillo"*
- *Handelshafen der späten Postklassik*
- *„Ixchél" und der „Herabstürzende Gott"*

Tulum

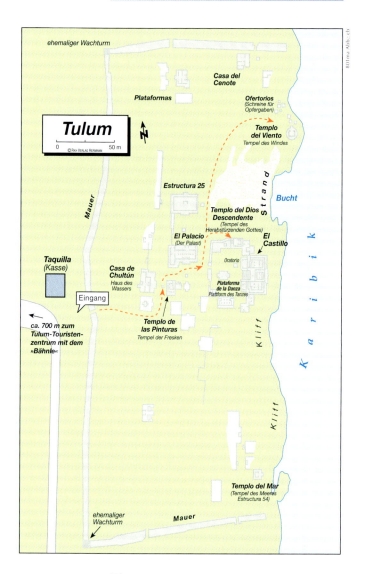

Tulum

▲ *Hoch über dem Meer erhebt sich "El Castillo"*

malereien in seinem Inneren sind zum Zeitpunkt der Wiederentdeckung noch gut zu erkennen gewesen. Bereits 1938 ist der „Tempel der Fresken" restauriert worden und somit seine künstlerischen Darstellungen bis heute erhalten. Die Hauptfassade hat vier Säulen, die fünf Eingänge bilden, durch die man in das Gebäudeinnere gelangt. Darüber befinden sich vier Rosetten, die durch drei Nischen unterbrochen sind. In der zentralen Nische erkennt man die Skulptur eines „Herabsteigenden Gottes" und in den zwei lateralen Nischen jeweils eine sitzende Figur mit ausgearbeitetem Kopfschmuck aus Federn. Die Ecken werden von großen Masken dominiert, die den Gott Itzamna darstellen. Die Wandmalereien im Inneren des Gebäudes stellen verschiedene Gottheiten dar und zeigen gefiederte Schlangen mit Blumen, Früchten und Maiskolben, die mit der Landwirtschaft und dem Wachstum der Pflanzen assoziiert werden. Die „Ostküste" ist bekannt für derartige detaillierte Wandmalereien, deren Themen das alltägliche Leben in Verbindung mit übernatürlichen Kräften behandeln.

KLEIDUNG UND SCHÖNHEITSSYMBOLE

Kleidung und Schönheitssymbole

Der spanische Ordensbruder Diego de Landa brachte ausführlich zu Papier, wie das alltägliche Leben der Maya ablief. Unter anderem berichtet er, dass sich die Adligen täglich in prächtige Gewänder hüllten und mit reichem Schmuck aus Jade, Muscheln und Vogelfedern kleideten.

Die Kleidung des Volkes dagegen spiegelte ihre untergeordnete Stellung wider. Im Allgemeinen trugen die Männer einfache Ledersandalen und einen Lendenschurz aus Baumwolle. Für kalte oder besondere Tage besaßen sie baumwollene, kurzärmlige Jacken. Die Frauen zogen Röcke und Huipile an, ähnlich wie die heutigen Mayafrauen. Die Männer trugen das Haar lang und offen oder nach hinten als Zopf zusammengehalten. Die Frauen trugen Zöpfe, die oft mit Bändern geschmückt wurden. Sowohl in unteren als auch den höheren Klassen wurden die Körper kunstvoll mit Farben bemalt und mit Tätowierungen versehen.

Unter den Maya galt es als besonders schön, wenn die Zähne mit Jadestücken verziert waren. Auch versuchte man Kleinkinder zum Schielen zu bringen. Hierzu wurde eine kleine Perle so mit einem Band im Haar befestigt, dass sie zwischen den Augen herunterhing und die Pupillen sich automatisch darauf einstellten. Ein anderes Schönheitssymbol war eine zurückgesetzte Stirn. Kurz nach der Geburt wurden dem Baby kleine Holztafeln vor die Stirn gebunden, die jene zurückdrücken sollte.

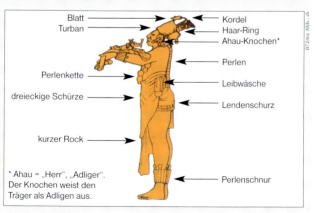

- Blatt
- Turban
- Kordel
- Haar-Ring
- Ahau-Knochen*
- Perlen
- Perlenkette
- Leibwäsche
- dreieckige Schürze
- Lendenschurz
- kurzer Rock
- Perlenschnur

* Ahau = „Herr", „Adliger". Der Knochen weist den Träger als Adligen aus.

Tulum

Zur späten Postklassik gab es an der gesamten Küste Niederlassungen, die zu wichtigen Handelshäfen wurden. Die **Ostküste** wurde zur wichtigsten Handelsroute auf dem Wasser. Die Städte entlang der Küste – Xcaret, Xel-Há, Tank-Há, Muyil und Xaman-Há, um nur einige neben Tulum zu nennen – konnten somit Tribute von Händlern anderer Stadtstaaten einfordern und Güter aus allen Regionen des Mayagebietes an- und weiterverkaufen.

Die typische Architektur der Ostküste sind sehr kleine, heilige Tempel mit winzigen Eingängen. Sie wurden von Priestern für ihre heiligen Rituale und Zeremonien genutzt. Die Maya konstruierten hier keine monumentalen Tempelpyramiden mehr. Die religiöse Macht war nicht mehr so zentralisiert wie in vorangegangenen Jahrhunderten, sondern es wurde in kleineren Gruppen – nicht mehr so spektakulär wie früher auf den großen Plätzen mit Massen von Menschen – den Göttern gehuldigt.

▲ *Darstellung des „Herabstürzenden Gottes"*

Zu dieser Zeit und in dieser Region wurden hauptsächlich zwei Gottheiten angebetet: Ixchél und der „Herabstürzende Gott". **Ixchél** war die Göttin des Mondes und der Fruchtbarkeit sowie die Schutzgöttin der Geburten. Die Stätte Muyil, etwa eine halbe Stunde Autofahrt südlich von Tulum gelegen, und die Insel Cozumel wurden wahrscheinlich zu regelrechten Pilgerstätten zur Verehrung und Huldigung Ixchéls. Der **„Herabstürzende Gott",** dessen Bedeutung bis heute nicht ganz geklärt ist, wird häufig mit dem Bienengott assoziiert, da die Region der „Ostküste" bekannt war für die Produktion guten Honigs.

Anhang

Anhang

ABC der Maya-Architektur

Adobe: Luftgetrockneter Lehmstein, der im Hausbau verwendet wurde.

Absatz: Teil einer Pyramide. Pyramidale Unterbaue bestehen immer aus einer ungeraden Anzahl von Absätzen, die sich nach oben verjüngen. (s. S. 53)

Akropolis: Auf einer Plattform konstruierter Komplex von Tempeln = Tempel-Akropolis oder Palastgebäuden = Palast-Akropolis. (s. S. 61)

Ballspielplatz: Ein aus zwei identischen Strukturen bestehender Komplex, in dessen Mitte Platz für das Ballspiel gelassen wurde. (s. S. 48)

Chac Mool: Liegende Statue, die eine Opferschale in ihren Händen hält. (s. S. 128)

Choza: Traditionelles Wohngebäude aus vergänglichen Materialien. (s. S. 112)

Chultún: Unterirdische Zisterne oder Kammer zur Aufbewahrung von Nahrungsmitteln. (s. S. 100)

Dachkamm: Tempeldächern aufgesetztes architektonisches Mittel, das den Tempelpyramiden den starken Zug in die Höhe verleiht. (s. S. 55)

Emblemglyphe: Monumentales Wappen aus Stein oder Stuck. (s. S. 135)

Freskomalerei: Auf den noch nicht trockenen Putz aufgetragene Malerei. (s. S. 80)

Gesims: Architektonisches Element zur Auflockerung von Fassaden (s. S. 78)

Hieroglyphentreppe: Monumentale Treppe, deren Stufen aus Hieroglyphen bestehen. (s. S. 50)

Konstruktionstreppe: Angeschobene Treppe während der Konstruktion einer Pyramide, auf der die Arbeiter Material hinauf trugen und die massive Konstruktion mit Gestein und Schutt auffüllten. (s. S. 88)

Kraggewölbe: Aus zwei parallelen Mauern bestehendes Gewölbe, bei dem die Mauersteine ab einer bestimmten Höhe beginnen hervorzukragen,

ABC der Maya-Architektur

bis es am oberen Ende mit einer Steinlage abschließt. (s. S. 58)

Masken: In Stein oder Stuck angefertigte Abbilder, die Götter oder hoch stehende Persönlichkeiten zeigen. (s. S. 57)

Mörtel: Bindemittel für Bauwerke, das aus der Mischung von Saskab (s. u.), Kalk und Wasser hergestellt wurde. (s. S. 88)

Mosaikfassade: Aus vorgefertigten Steinen zusammengesetzte Fassade. (s. S. 104)

Nische: Einbuchtung an monumentalen Gebäuden, die meist Skulpturen enthält. (s. S. 78)

Palast: Gebäude mit horizontaler Ausdehnung, das zu Wohn-, Administrations- oder Schulungszwecken diente. (s. S. 60)

Plattform: Fundament für ein darauf stehendes Gebäude oder einen oder mehrere Gebäudekomplexe. (s. S. 61)

Platz: Im Zusammenspiel mehrerer Strukturen gebildeter Freiraum. (s. S. 60)

Pyramide: Unterbau, auf dessen oberen Ende die heiligen Tempel erbaut wurden. (s. S. 55)

Sacbé: „Weiße Straße", erhöhter Dammweg, auf dem Prozessionen abgehalten wurden, oder Verbindungsweg zwischen monumentalen Konstruktionen, Stadtteilen oder befreundeten Stadtstaaten. (s. S. 128)

Saskab: „Weiße Erde", zu der die Maya Kalk und Wasser gaben, um damit Mörtel herzustellen.

Temazcal (Schwitzhütte): Gebäude zur rituellen Säuberung des Körpers durch Schwitzen. Man ließ in der Schwitzhütte Wasser auf heißen Steinen verdampfen, wodurch eine hohe Innenraumhitze erzeugt wurde.

Skulptur: Aus Stein oder Stuck angefertigte Figur. (s. S. 129)

Stele und Altar: Zusammenspiel eines bis zu 10 Meter hohen, senkrecht aufgestellten monolithi-

ABC der Maya-Architektur

schen Pfeilers aus Stein mit einer runden, auf der Erde liegenden Steinplatte. (s. S. 47)

Stuck: Aus der Mischung von Gips, gebranntem Kalk, Wasser und Sand hergestelltes Material, mit dem die Maya Fassaden, Wände und Stelen verzierten, Skulpturen und monumentale Masken anfertigten.

Talud-Tablero: Architekturelement zur Fassadengestaltung, bei dem auf einem unteren abgeschrägten Wandteil (Talud) ein kastenförmiger senkrechter Wandteil (Tablero) lastet. (s. S. 129)

Tempel: Hochheiligtum, das auf einem pyramidalen Unterbau steht und auf dessen Dach der Dachkamm in die Höhe ragt. (s. S. 55)

Türsturz: Waagerechter Träger am oberen Ende eines Eingangs, der aus Stein oder Zedernholz angefertigt wurde. Türstürze zeigen meist kunstvoll eingearbeitete Szenen oder Porträts, selten Hieroglyphen. (s. S. 78)

Wandmalerei: Meist mehrfarbige Zeichnungen an Wänden und Fassaden, die Szenen aus dem Leben der Herrscherfamilien zeigen. (s. S. 80)

Zeremonialtreppe: Monumentale Treppe, die an einer Pyramide zum Tempel hinaufführt. (s. S. 88)

INTERNET, LITERATURHINWEISE

Infos aus dem Internet

www.archaeologie-online.de (Archäologie allgemein – enthält Informationen über Projekte in der Welt der Maya)
www.mayakultur.de (Webseite mit allgemeinen Informationen zur Maya-Kultur)
www.yaxha.de (wissenschaftliche Dokumentation zu Arbeiten im Triángulo Cultural Yaxhá – Nakum – Naranjo)
www.reisebuch.de (u. a. allgemeine Informationen für Mexikoreisende)

Literaturhinweise

„Maya. Gottkönige im Regenwald" von Nicolai Grube, 2000, Koenemann Verlagsgesellschaft mbh. Das aktuellste Standardwerk.
Ausstellungskatalog Römer- und Pelizaeus-Museum, Hildesheim, Verlag Philipp von Zabern, Mainz.
Sonderdrucke Band 15 (1995), Band 16 (1996) und Band 17 (1997) aus **„Beiträge zur allgemeinen und vergleichenden Archäologie",** Kommission für Allgemeine und Vergleichende Archäologie des Deutschen Archäologischen Instituts, Bonn.
„Die Maya. Geschichte, Kultur, Religion". Beck'sche Reihe „Wissen" Nr. 2026, von Berthold Riese, München 1995.
„Das Geheimnis der Mayaschrift. Ein Code wird entschlüsselt." Rowohlt, 1995, von Michael D. Coe.
„Tod und Begräbnis in der klassischen Mayakultur". Seminar für Völkerkunde, Rheinische Friedrich-Wilhelm-Universität Bonn, 1999, von Markus Eberl.

LITERATURHINWEISE

KulturSchock

Diese Reihe vermittelt dem Besucher einer fremden Kultur wichtiges Hintergrundwissen. **Themen** wie Alltagsleben, Tradition, richtiges Verhalten, Religion, Tabus, das Verhältnis von Frau und Mann, Stadt und Land werden nicht in Form eines völkerkundlichen Vortrages, sondern praxisnah behandelt.

Der **Zweck** der Bücher ist, den Kulturschock weitgehend abzumildern oder ihm gänzlich vorzubeugen. Damit die Begegnung unterschiedlicher Kulturen zu beidseitiger Bereicherung führt und nicht Vorurteile verfestigt.

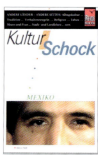

Hanne Chen
KulturSchock China

Rainer Krack
KulturSchock Indien

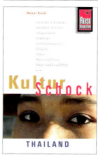

Klaus Boll
KulturSchock Mexiko

Manfred Ferner
KulturSchock Türkei

Rainer Krack
KulturSchock Thailand

Weitere Titel siehe Seite 154.

Reise Know-How Verlag, Bielefeld

LITERATURHINWEISE

Guatemala

Der praktische Begleiter für Reisen zu den touristischen Höhepunkten und für Entdeckungen abseits der bekannten Routen – aktuell vor Ort recherchiert und mit großer Sachkenntnis geschrieben.

Barbara Honner, „Guatemala"
528 Seiten, farbiger Kartenatlas, Register, Griffmarken, robuste Fadenheftung

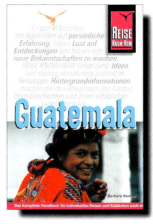

Reise Know-How Verlag, Bielefeld

Das komplette Reisehandbuch:
Individuelles Reisen in allen Regionen Mexikos.

95 detaillierte Stadtpläne und Karten, über 200 Fotos und 230 Abbildungen, Reiserouten, Hintergrundberichte, Tipps und Wissenswertes. 840 Seiten.
ISBN 3-89662-310-9
Reise Know-How Verlag, Bielefeld

Literaturhinweise

Praxis-Ratgeber:
kompakt & kompetent

Wer seine Freizeit aktiv verbringt und moderne Abenteuer sucht, braucht spezielles Wissen, das in keiner Schule gelehrt wird. REISE KNOW-HOW beantwortet die vielen Fragen rund um Freizeit, Urlaub und Reisen in der Ratgeberreihe: „Praxis".

Birgit Adam
Als Frau allein unterwegs

Erich Witschi
Clever buchen – besser fliegen

Hans Strobach
Fernreisen auf eigene Faust

Roland Hanewald
Handbuch für Tropenreisen

Rainer Krack
Hinduismus erleben

Peter Günther
Inline Skating

Volker Heinrich
Kommunikation von unterwegs

Georg Incze
Kreuzfahrt-Handbuch

Helmut Hermann
Reisefotografie

Klaus Becker
Tauchen in warmen Gewässern

Reto Kuster
Was kriecht und krabbelt in den Tropen?

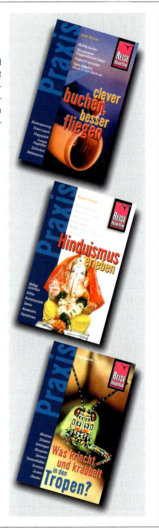

Jeder Titel:
144-160 Seiten, robuste Fadenheftung,
Taschenformat 10,5 x 17 cm,
Register und Griffmarken
Weitere Titel siehe Seite 154.

ANZEIGE

FEEL THE MAYAN SPIRIT

... **yucatekische und mexikanische Küche**

in einer
inspirierenden Atmosphäre
umgeben von Wandmalereien und Hieroglyphen
der Maya

und vieles mehr:

... **Dia-Vortrag** über die Welt der Maya
... authentische Aztekentänze
... Literatur über die Welt der Maya, Reiseführer etc.

Avenida 5 entre calles 14 y 16, Playa del Carmen

www.playaspanishschool.com

Günstiger Gruppen- sowie Einzelunterricht. Unterkunft in Familien oder von privat. Unterricht in Maya. Diavorträge über die »Welt der Maya«. Bei ausreichender Nachfrage Organisation von privaten Touren.

»Eigentlich ist die Schule eine große Familie. Ich habe vom ersten Tag an viele Leute kennengelernt und schöne Freundschaften geschlossen. Wir haben tolle Wochenendreisen durch Yucatán gemacht und viel Spanisch gelernt.«

Markus Wlodasch, Braunschweig

»Der Unterricht ist praxisgerecht, sehr effektiv und leger. Sehr empfehlenswert!«

Kerstin Lind, Aspach

Playa del Carmen · 5. Avenida (zwischen Calles 14 und 16)

Alle Reiseführer auf einen Blick

Reisehandbücher
Urlaubshandbücher
Reisesachbücher
Rad & Bike

Afrika, Bike-Abenteuer
Afrika, Durch
Agadir, Marrakesch
 und Südmarokko
Ägypten
Alaska ♫ Canada
Algerische Sahara
Amrum
Amsterdam
Andalusien
Äqua-Tour
Argentinien, Uruguay
 und Paraguay
Äthiopien
Auf nach Asien!

Bahrain
Bali und Lombok
Bali, die Trauminsel
Bali: Ein Paradies …
Bangkok
Barbados
Barcelona
Berlin
Borkum
Botswana
Bretagne
Budapest
Bulgarien

Cabo Verde
Canada West, Alaska
Canadas Ost, USA NO
Chile, Osterinseln
China Manual
Chinas Norden
Chinas Osten
Costa Blanca
Costa Brava
Costa de la Luz
Costa del Sol
Costa Dorada
Costa Rica
Cuba

Dalmatien
Dänemarks Nordseeküste
Dominikanische Republik
Dubai, Emirat

Ecuador, Galapagos
El Hierro
England – Süden
Erste Hilfe unterwegs
Europa BikeBuch

Fahrrad-Weltführer
Fehmarn
Florida
Föhr
Fuerteventura

Gardasee
Golf v. Neapel, Kampanien
Gomera
Gran Canaria
Großbritannien
Guatemala

Hamburg
Hawaii
Hollands Nordseeinseln
Honduras
Hongkong, Macau

Ibiza, Formentera
Indien – Norden
Indien – Süden
Irland
Island
Israel, palästinens.
 Gebiete, Ostsinai
Istrien, Velebit

Jemen
Jordanien
Juist

Kairo, Luxor, Assuan
Kalifornien, USA SW
Kambodscha
Kamerun
Kanada ♫ Canada
Kapverdische Inseln
Kenia
Korfu, Ionische Inseln
Krakau, Warschau
Kreta
Kreuzfahrtführer

Ladakh, Zanskar
Langeoog
Lanzarote
La Palma
Laos
Lateinamerika BikeBuch
Libanon
Libyen
Ligurien
Litauen
Loire, Das Tal der
London

Madagaskar
Madeira
Madrid
Malaysia, Singapur,
 Brunei
Mallorca
Mallorca, Reif für
Mallorca, Wandern
Malta
Marokko
Mecklenb./Brandenb.:
 Wasserwandern

Reise Know-How

Mecklenburg-Vorpomm.
  Binnenland
Mexiko
Mongolei
Motorradreisen
München
Myanmar

Namibia
Nepal
Neuseeland BikeBuch
New Orleans
New York City
Norderney
Nordfriesische Inseln
Nordseeküste
  Niedersachsens
Nordseeküste
  Schleswig-Holstein
Nordseeinseln, Dt.
Nordspanien
Nordtirol
Normandie

Oman
Ostfriesische Inseln
Ostseeküste MVP
Ostseeküste SLH
Outdoor-Praxis

Panama
Panamericana,
  Rad-Abenteuer
Paris
Peru, Bolivien
Phuket
Polens Norden
Prag
Provence
Pyrenäen

Qatar

Rajasthan
Rhodos
Rom
Rügen, Hiddensee

Sächsische Schweiz
Salzburger Land
San Francisco
Sansibar
Sardinien
Schottland
Schwarzwald – Nord
Schwarzwald – Süd
Schweiz, Liechtenstein
Senegal, Gambia
Simbabwe
Singapur
Sizilien
Skandinavien – Norden
Slowenien, Triest
Spiekeroog
Sporaden, Nördliche
Sri Lanka
St. Lucia, St. Vincent,
  Grenada
Südafrika
Südnorwegen, Lofoten
Sylt
Syrien

Taiwan
Tansania, Sansibar
Teneriffa
Thailand
Thailand – Tauch-
  und Strandführer
Thailands Süden
Thüringer Wald
Tokyo
Toscana
Trinidad und Tobago
Tschechien
Tunesien
Tunesiens Küste

Umbrien
USA/Canada
USA/Canada BikeBuch
USA, Gastschüler
USA, Nordosten
USA – der Westen
USA – der Süden

USA – Südwesten,
  Natur u. Wandern
USA SW, Kalifornien,
  Baja California
Usedom

Venedig
Venezuela
Vereinigte Arab.Emirate
Vietnam

Westafrika – Sahel
Westafrika – Küste
Wien
Wo es keinen Arzt gibt

Edition RKH

Burma – im Land
  der Pagoden
Finca auf Mallorca
Durchgedreht –
  7 Jahre im Sattel
Geschichten aus d.
  anderen Mallorca
Goldene Insel
Mallorquinische
  Reise, Eine
Please wait
  to be seated!
Salzkarawane, Die
Schönen Urlaub
Südwärts durch
  Lateinamerika

Alle Reiseführer auf einen Blick

Praxis

All Inclusive?
Als Frau allein
 unterwegs
Canyoning
Clever buchen –
 besser fliegen
Daoismus erleben
Dschungelwandern
Essbare Früchte Asiens
Fernreisen
Fernreisen, Fahrzeug
Fliegen ohne Angst
Fun & Sport
 in Eis & Schnee
GPS f. Auto, Motorrad,
 Wohnmobil
GPS Outdoor-Navigation
Heilige Stätten Indiens
Hinduismus erleben
Höhlen erkunden
Inline-Skaten Bodensee
Inline-Skating
Islam erleben
Kanu-Handbuch
Kreuzfahrt-Handbuch
Küstensegeln
Maya-Kultur erleben
Orientierung mit
 Kompass und GPS
Paragliding-Handbuch
Pferdetrekking
Reisefotografie
Reisefotografie digital
Reisen und Schreiben
Respektvoll reisen
Richtig Kartenlesen
Safari-Handbuch Afrika
Schutz vor Gewalt
 und Kriminalität
Schwanger reisen
Selbstdiagnose u.
 Behandlung unterwegs
Sicherheit/Bärengebiete
Sicherheit/Meer
Sonne, Wind und
 Reisewetter
Survival-Handbuch,
 Naturkatastrophen
Tauchen in kalten
 Gewässern
Tauchen in warmen
 Gewässern
Transsib – von
 Moskau nach Peking
Trekking-Handbuch
Tropenreisen
Vulkane besteigen
Was kriecht u. krabbelt
 in den Tropen
Wein-Reiseführer Dtschl.
Wildnis-Ausrüstung
Wildnis-Backpacking
Wildnis-Küche
Winterwandern
Wohnmobil/Indien
 und Nepal
Wracktauchen weltweit

KulturSchock

Afghanistan
Ägypten
Brasilien
China
Golf-Emirate, Oman
Indien
Iran
Islam
Japan
KulturSchock
Marokko
Mexiko
Pakistan
Russland
Spanien
Thailand
Türkei
Vietnam

Wo man unsere Reiseliteratur bekommt:

Jede Buchhandlung in der BRD, der Schweiz, Österreichs und in den Benelux-Staaten kann unsere Bücher beziehen. Wer trotzdem keine findet, kann alle Bücher über unseren Internet-Shop unter **www.reise-know-how.de** oder **www.reisebuch.de** bestellen.

Mit REISE KNOW-HOW gut orientiert

Wer sich in seinem Reiseland zurechtfinden und orientieren möchte, kann sich mit den Landkarten von REISE KNOW-HOW auf Entdeckungsreise begeben.

Egal, ob bekannte Sehenswürdigkeit oder Naturschönheit fernab jeglicher Touristenroute: Die Karten aus dem Hause REISE KNOW-HOW leiten Sie sicher an Ihr Ziel.

Landkarten:

In Zusammenarbeit mit dem world mapping project gibt REISE KNOW-HOW detaillierte, GPS-taugliche Landkarten mit Höhenschichten und Register heraus, so zum Beispiel:

- Ägypten (1 : 250.000)
- Cuba (1 : 850.000)
- Bretagne (1 : 850.000)
- Dom. Republik (1 : 450.000)
- Indien (1 : 2,9 Mio)
- Guatemala, Belize (1 : 500.000)
- Kreta (1 : 140.000)
- Malaysia (1 : 1,1 Mio)
- Mexiko (1 : 2,25 Mio)
- Neuseeland (1 : 1 Mio)
- Polen (1 : 850.000)
- Südafrika (1 : 1,7 Mio)
- Yucatan (1 : 750.000)

world mapping project
REISE KNOW-HOW Verlag, Bielefeld

Register

A

Absatz 144
Achsen, architektonische 93
Adlige 46
Adobe 144
Akropole 61
Altar 47
Antigua 41
Architektur 144
Atitlán-See 34

B

Balché 119
Ballspiel 48
Bauweise 88
Bereich, südlicher 19
Bewohner 19
Bonampak 80
Buch, heiliges 39
Bücher 135

C

Chac 105, 107
Chac Mool 128
Chichén Itzá 123
Chichicastenango 39
Choza 13, 112
Chultún 100
Codices 135
Copán 45
Curanderos 120

D

Dachkamm 55
Dinteles 78

E

Edzná 93
Ek Balam 131
Emblemglyphe 135
Endklassik 16
Ernährungsprobleme 46

F

Farbe 95
Flughäfen 24
Freskomalerei 80

G

Geschichte 12
Gesims 144
Gott, herabstürzender 141
Götter 106, 141
Grabräuber 73
Grabstätten 57, 86

H

Haab 97
Handel 130
Hausbau 112
Heiler 120
Heiliges Buch 39
Herabstürzender Gott 141
Hieroglyphen 51, 110
Hieroglyphentreppe 50

REGISTER

Himmelsrichtung 95
Hof 113
Hydraulisches System 100

I

Indianer 34
Indianermarkt 39
Indígenas 40
Internet 147
Itzamna 106
Ixchél 141

J

Jade 87
Jadeschmuck 42

K

Kabah 105
Kalender 96
Klassik 15
Kleidung 140
Konstruktionstreppe 144
Kraggewölbe 58
Kunst 109

L

Labná 109
Lehmstein 144
Literatur 147

M

Maisgott 106
Malerei 80
Markt 39
Masken 145
Maximón 37
Maya-Bevölkerung 19
Mayabogen 58
Maya-Universum 95
Maya-Welt 21
Menschenopfer 127
Monate 97
Mörtel 145
Mosaikfassade 145

N

Nakum 71
Naranjo 73
Nische 145
Nördliches Tiefland 19

O

Observatorium 91, 124
Opferungen 40, 127
Ostküste 141

P

Palast-Akropolis 61
Paläste 60
Palenque 83
Palmdächer 73
Perioden 13
Plattform 145
Platz 145
Popol Vuh 39
Postklassik 16
Puuc-Region 101
Pyramide 55

REGISTER

Q

Quetzalcoatl 126
Quiché-Maya 39

R

Raubgräben 75
Regengott 105
Regionen 22
Rekonstruktion 67
Religion 37
Río Usumacinta 76
Rot 95
Routenplanung 24

S

Sacbé 128
Saskab 145
Schönheitssymbole 140
Schöpfung 94
Schrift 110
Schwitzhütte 145
Spanier 16
Sprache 18
Stadttor 131
Stelen 47
Straße, weiße 128
Stuck 146
Südlicher Bereich 19
Südliches Tiefland 19
System, hydraulisches 100

T

Tablero 129
Tag der Schöpfung 94
Talud 129
Tayasal 66
Temazcal 145
Tempel 88
Tempel-Akropolis 61
Tempelaufbau 55, 78
Territoriale Organisation 113
Tiefland, nördliches 19
Tiefland, südliches 19
Tikal 53
Todesgott 107
Tolteken 123
Topoxté 66
Tortilla 34
Trachten 35
Traditionelle Maya-Kultur 34, 112
Transportmittel 26
Treppe, innen liegende 83
Triángulo Cultural 64
Tulum 137
Türstürze 78
Tzolkin 96

U

Überbauungen 52
Unterkünfte 26

V

Visionsschlange 82
Vorklassik 13

W

Wacah Chan 85
Wälle 133
Wandmalerei 80

REGISTER

Wasserreservoir 100
Webarbeiten 36
Weiße Straße 128
Weltenbaum 85
Wohnkomplex 90, 95

Y

Yaxchilán 76
Yaxhá 67

Yax-Kuk-Moo 45
Yucatecan 18

Z

Zeitmessung 97
Zeittafel 17
Zisterne 100
Zone 113
Zwillingspyramiden 63

Kauderwelsch!

Die **Sprachführer** der Reihe Kauderwelsch helfen dem Reisenden, wirklich zu sprechen und die Menschen zu verstehen.

- Die **Grammatik** wird in einfacher Sprache so weit erklärt, dass es möglich wird, ohne viel Paukerei mit dem Sprechen zu beginnen, wenn auch nicht gerade druckreif.
- Alle Beispielsätze werden doppelt ins Deutsche übertragen: zum einen **Wort-für-Wort**, zum anderen in „ordentliches" Hochdeutsch.
- Die **Autorinnen und Autoren** der Reihe sind Globetrotter, die die Sprache im Lande gelernt haben. Sie wissen daher genau, wie und was die Leute auf der Straße sprechen. Außer der Sprache vermitteln die Autoren Verhaltenstipps und erklären Besonderheiten des Reiselandes.
- Jeder Band hat 96 bis 160 Seiten. Zu jedem Titel ist eine begleitende **TB-Kassette** (60 Min.) erhältlich.
- **Kauderwelsch-Sprachführer gibt es für über 90 Sprachen in mehr als 150 Bänden!**

Reise Know-How Verlag, Bielefeld

DER AUTOR

Der Autor

Dieter Richter, geb. 1964, Dipl.-Ing. Architektur, hat in verschiedenen archäologischen Stätten der Maya gearbeitet. Die Maya-Welt fasziniert ihn seit seinem ersten Besuch Tikals im Jahre 1987, als dort insgesamt nur fünf Touristen waren.

Seit 1991 verbrachte er einen Großteil des Jahres in Guatemala. 1997 verlegte er schließlich seinen ständigen Wohnsitz nach Mexiko. In Playa del Carmen gründete er im selben Jahr die erste Spanischschule und seit April 2001 unterhält er – ebenfalls in Playa del Carmen – das Cafe-Museo-Maya „Xlapak" (aus dem Maya übersetzt: „Alte Wand"), in dem Reisende viele Informationen über die „Welt der Maya" finden. Es gibt unter anderem Diavorträge und eine kleine Bücherei.